Zdrowe Gotowanie
Kuchnia Przeciwwzapalna w Praktyce

Marta Nowakowska

Streszczenie

Jajecznica z grzybami i szpinakiem 19
Porcje: 1 19
Składniki: 19
Wskazania: 19
Wytrawne naleśniki na śniadanie 21
Porcje: 4 21
Składniki: 21
Wskazania: 22
Frappe z kawy klonowej 23
Porcje: 2 23
Składniki: 23
Wskazania: 23
Babeczki czekoladowe z mąki migdałowej i masła orzechowego 24
Składniki: 24
Wskazania: 24
Pyszne tofu 26
Porcje: 4 26
Składniki: 26
Wskazania: 26
Kalafior z serem i tymiankiem 28
Porcje: 2 28
Składniki: 28
Wskazania: 29

Muffinki ze słodkiej kukurydzy 30

Porcje: 1 30

Składniki: 30

Wskazania: 30

Świeże i owocowe semifreddo 32

Porcje: 2 32

Składniki: 32

Tost z łososiem z serkiem śmietankowym Porcje: 2 34

Składniki: 34

Wskazania: 34

Porcje pieczonych płatków owsianych z orzechami i bananem 35

Porcje: 9 35

Składniki: 35

Wskazania: 36

Ziemniaki i fasola 37

Porcje: 4 37

Składniki: 37

Wskazania: 38

Brzoskwinie Z Miodem Migdałowym i Ricottą 39

Porcje: 6 39

Składniki: 39

Wskazania: 39

Chleb z cukinii 41

Porcje: 6 41

Składniki: 41

Wskazania: 42

Porcje lasek cynamonu i jabłek 43

Porcje: 4 43

Składniki: 43

Wskazania: 44

Porcje babeczek jagodowych 45

Porcje: 10 45

Składniki: 45

Wskazania: 46

Porcje smoothie jagodowego 47

Porcje: 1 47

Składniki: 47

Wskazania: 47

Słodkie ziemniaki nadziewane cynamonem i jabłkami Porcje: 4 49

Składniki: 49

Wskazania: 49

Pomidory faszerowane jajkiem 51

Porcje: 2 51

Składniki: 51

Wskazania: 52

Jajecznica z jarmużu z kurkumą 53

Porcje: 1 53

Składniki: 53

Wskazania: 53

Zapiekanka Z Serem i Kiełbasą Z Gustosa Marinara 55

Składniki: 55

Wskazania: 55

Pudding chia ze złotym mlekiem Porcje: 4 57

Składniki: 57

Wskazania: 57

Ciasto marchewkowe Porcje: 2 59

Składniki: 59

Wskazania: 59

Naleśniki miodowe 61

Porcje: 2 61

Składniki: 61

Wskazania: 62

Naleśniki bezglutenowe Porcje: 10 64

Składniki: 64

Wskazania: 65

Ryż marchewkowy z jajecznicą 66

Porcje: 3 66

Składniki: 66

Wskazania: 67

Słodkie ziemniaki na śniadanie 69

Porcje: 6 69

Składniki: 69

Wskazania: 69

Babeczki jajeczne z fetą i komosą ryżową Porcje: 12 70

Składniki: 70

Wskazania: 71

Pikantne placuszki z ciecierzycy: 1 porcja 72

Składniki: 72

Wskazania: 72

Latte z kurkumą: 2 porcje 74

Składniki: 74

Wskazania: 74

Zielona Shakshuka: 4 porcje 75

Składniki: 75

Wskazania: 76

Chleb proteinowy z komosy ryżowej: 78

Porcje 12 78

Składniki: 78

Wskazania: 79

Muffinki marchewkowo-kokosowo-imbirowe 81

Porcje: 12 81

Składniki: 81

Ciepła owsianka miodowa: 4 porcje 83

Składniki: 83

Wskazania: 83

Sałatka śniadaniowa: 84

4 porcje 84

Składniki: 84

Wskazania: 85

Szybka komosa ryżowa z cynamonem i nasionami chia: 86

2 porcje 86

Składniki: 86

Wskazania: 86

Wafle ze słodkich ziemniaków bez zbóż 88

Porcje: 2 88

Składniki: 88

Wskazania: 88

Omlet z grzybami, komosą ryżową i szparagami 90

Porcje: 3 90

Składniki: 90

Wskazania: 91

Jajka Rancheros: 3 porcje 92

Składniki: 92

Wskazania: 93

Omlet z grzybami i szpinakiem 94

Porcje: 2 94

Składniki: 94

Wskazania: 94

Wafle dyniowo-bananowe 96

Porcje: 4 96

Składniki: 96

Wskazania: 97

Jajecznica z wędzonym łososiem Porcje: 2 98

Składniki: 98

Wskazania: 98

Kremowe risotto z parmezanem, grzybami i kalafiorem 99

Składniki: 99

Wskazania: 99

Ranczo z pieczonymi brokułami i serem Cheddar 101

Porcje: 2 101

Składniki: 101

Wskazania: 101

Super owsianka białkowa 103

Porcje: 2 103

Składniki: 103

Wskazania: 104

Płatki owsiane z mango i kokosem 105

Porcje: 1 105

Składniki: 105

Wskazania: 105

Porcje omletu z grzybami i szpinakiem 107

Porcje: 4 107

Składniki: 107

Wskazania: 107

Jabłka cynamonowe gotowane na parze w powolnej kuchence 109

Porcje: 6 109

Składniki: 109

Wskazania: 109

Pełnoziarnisty chleb kukurydziany 110

Porcje: 8 110

Składniki: 110

Wskazania: 111

Omlet pomidorowy 112

Porcje: 1 112

Składniki: 112

Wskazania: 112

Płatki owsiane z brązowym cukrem i cynamonem 114

Porcje: 4 114

Składniki: 114

Wskazania: 114

Owsianka z pieczonymi gruszkami 116

Porcje: 2 116

Składniki: 116

Wskazania: 117

Naleśniki ze słodką śmietaną 119

Porcje: 2 119

Składniki: 119

Wskazania: 119

Placki owsiane 121

Porcje: 1 121

Składniki: 121

Wskazania: 121

Pyszne płatki owsiane o zapachu klonu 123

Porcje: 4 123

Składniki: 123

Wskazania: 123

Koktajl z truskawek i kiwi 125

Porcje: 1 125

Składniki: 125

Wskazania: 125

Owsianka lniana z cynamonem 126

Porcje: 4 126

Składniki: 126

Wskazania: 126

Batony śniadaniowe z jagodami i słodkimi ziemniakami Wielkość porcji: 8 128

Składniki: 128

Wskazania: 128

Pieczone płatki owsiane z przyprawą dyniową 130

Porcje: 6 130

Składniki: 130

Wskazania: 131

Jajecznica ze szpinakiem i pomidorem 132

Porcje: 1 132

Składniki: 132

Wskazania: 132

Tropikalne smoothie z marchwi, imbiru i kurkumy 134

Porcje: 1 134

Składniki: 134

Wskazania: 135

Tosty Francuskie z Cynamonem i Wanilią 136

Porcje: 4 136

Składniki: 136

Wskazania: 136

Pyszny indyk 138

Porcje: 4 138

Składniki: 138

Wskazania: 139

Spaghetti z serem, bazylią i pesto 141

Składniki: 141

Wskazania: 141

Koktajl pomarańczowo-brzoskwiniowy 143

Porcje: 2 143

Składniki: 143

Wskazania: 143

Babeczki Bananowo-Migdałowe 144

Porcje: 6 144
Składniki: 144
Wskazania: 145
Angielska ricotta 146
Porcje: 1 146
Składniki: 146
Wskazania: 146
Koktajl przeciwzapalny ze szpinakiem i wiśnią Porcje: 1 148
Składniki: 148
Wskazania: 148
Shakshuka pikantna 150
Porcje: 4 150
Składniki: 150
Wskazania: 151
Złote Mleko przez 5 minut 153
Porcje: 1 153
Składniki: 153
Wskazania: 153
Prosta owsianka na śniadanie 155
Porcje: 1 155
Składniki: 155
Wskazania: 155
Pączki białkowe z kurkumą 157
Porcje: 8 157
Składniki: 157
Wskazania: 157
Cheddar Jarmuż Frittata 159

Porcje: 6 159

Składniki: 159

Wskazania: 159

Omlet śródziemnomorski 161

Porcje: 6 161

Składniki: 161

Wskazania: 162

Kasza Gryczana Cynamon Imbir Porcje: 5 163

Składniki: 163

Wskazania: 164

Naleśniki z kolendrą 165

Porcje: 6 165

Składniki: 165

Wskazania: 166

Koktajl grejpfrutowo-malinowy Porcje: 1 167

Składniki: 167

Wskazania: 167

Porcje granoli z masłem orzechowym 168

Porcje: 8 168

Składniki: 168

Wskazania: 168

Jajecznica zapiekana z kurkumą Porcje: 6 170

Składniki: 170

Wskazania: 170

Wielkość porcji otrębów chia i płatków owsianych na śniadanie: Wielkość porcji: 2 172

Składniki: 172

Wskazania: 172

Muffinki z rabarbarem, jabłkiem i imbirem 174

Porcje: 8 174

Składniki: 174

Płatki zbożowe i owoce na śniadanie 177

Porcje: 6 177

Składniki: 177

Wskazania: 177

Bruschetta z pomidorami i bazylią 179

Porcje: 8 179

Składniki: 179

Wskazania: 179

Naleśniki Cynamonowo-Kokosowe 181

Porcje: 2 181

Składniki: 181

Wskazania: 181

Orzech laskowy Żurawina Banan Płatki owsiane: Porcje: 6 183

Składniki: 183

Wskazania: 184

Tosty z jajkiem w koszulce i łososiem 186

Porcje: 2 186

Składniki: 186

Wskazania: 186

Budyń z nasionami chia i cynamonem 188

Porcje: 2 188

Składniki: 188

Wskazania: 188

Jajka i Ser 189

Porcje: 1 189

Składniki: 189

Wskazania: 189

Tex-Mex Hash Browns 191

Porcje: 4 191

Składniki: 191

Wskazania: 191

Shirataki Z Awokado I Śmietanką 193

Porcje: 2 193

Składniki: 193

Wskazania: 193

Pyszne porcje owsianki 195

Porcje: 2 195

Składniki: 195

Wskazania: 196

Naleśniki z mąki migdałowej z serkiem śmietankowym 197

Porcje: 2 197

Składniki: 197

Wskazania: 197

Babeczki serowe z nasionami lnu i nasionami konopi Porcje: 2 199

Składniki: 199

Wskazania: 200

Serowe Gofry Kalafiorowe Ze Szczypiorkiem 202

Porcje: 2 202

Składniki: 202

Wskazania: 202

Kanapki śniadaniowe 204

Porcje: 1 204

Składniki: 204

Wskazania: 204

Wytrawne muffinki wegetariańskie 205

Porcje: 5 205

Składniki: 205

Wskazania: 206

Naleśniki z cukinii 208

Porcje: 8 208

Składniki: 208

Wskazania: 209

Hamburger z jajkiem i awokado 210

Porcje: 1 210

Składniki: 210

Wskazania: 210

Smaczny i kremowy szpinak 212

Porcje: 2 212

Składniki: 212

Wskazania: 212

Specjalne płatki owsiane cynamonowo-jabłkowe 214

Porcje: 2 214

Składniki: 214

Wskazania: 214

Jajko i warzywa (bomba przeciwzapalna) 216

Porcje: 4 216

Składniki: 216

Wskazania: 217

Jajecznica z grzybami i szpinakiem

Porcje: 1

Składniki:

2 białka jaj

1 kromka pełnoziarnistego tostu

½ w. pokrojone świeże grzyby

2 łyżki stołowe. Tarty odtłuszczony ser amerykański

Pieprz

1 łyżeczka. Oliwa z oliwek

1 w. posiekany świeży szpinak

1 całe jajko

Wskazania:

1. Na średnim ogniu umieść patelnię z powłoką nieprzywierającą i dodaj olej. Wlać olej tak, aby zakrył patelnię i podgrzewać przez minutę.

2. Dodaj szpinak i grzyby. Smaż, aż szpinak zwiędnie, około 2 do 3 minut.

3. W międzyczasie w misce dobrze ubij jajko, białka i ser.

Doprawić pieprzem.

4. Wlać mieszaninę jajek na patelnię i mieszać, aż jajka się zetną, około 3 do 4 minut.

5. Podawaj z kawałkiem pełnoziarnistego tostu.

Informacje żywieniowe:Kalorie: 290,6, Tłuszcz: 11,8 g, Węglowodany: 21,8 g, Białko: 24,3 g, Cukry: 1,4 g, Sód: 1000 mg

Wytrawne naleśniki na śniadanie

Porcje: 4

Czas gotowania: 6 minut

Składniki:

½ szklanki mąki migdałowej

½ szklanki mąki z tapioki

1 szklanka mleka kokosowego

½ łyżeczki chili w proszku

¼ łyżeczki kurkumy w proszku

½ czerwonej cebuli, posiekanej

1 garść posiekanych liści kolendry

½ cala imbiru, startego

1 łyżeczka soli

¼ łyżeczki mielonego czarnego pieprzu

Wskazania:

1. W misce wymieszaj wszystkie składniki, aż zostaną dobrze wymieszane.

2. Rozgrzej patelnię na średnim ogniu i posmaruj olejem.

3. Na patelnię wylej ¼ szklanki ciasta i rozsmaruj masę tak, aby powstał naleśnik.

4. Smaż przez 3 minuty z każdej strony.

5. Powtarzaj, aż ciasto będzie gotowe.

Informacje żywieniowe:Kalorie 108 Tłuszcze ogółem 2 g Tłuszcze nasycone 1 g Węglowodany ogółem 20 g Węglowodany netto 19,5 g Białko 2 g Cukier: 4 g Błonnik: 0,5 g Sód: 37 mg Potas 95 mg

Frappe z kawy klonowej

Porcje: 2

Składniki:

1 łyżka stołowa. niesłodzonego proszku kakaowego

½ w. mleko niskotłuszczowe

2 łyżki stołowe. Czysty syrop klonowy

½ w. parzona kawa

1 mały dojrzały banan

1 w. niskotłuszczowy jogurt waniliowy

Wskazania:

1. Umieść banana w blenderze lub robocie kuchennym i zmiksuj na puree.

2. Dodaj pozostałe składniki i miksuj, aż masa będzie gładka i kremowa.

3. Podawaj natychmiast.

Informacje żywieniowe:Kalorie: 206, Tłuszcz: 2 g, Węglowodany: 38 g, Białko: 6 g, Cukry: 17 g, Sód: 65 mg

Babeczki czekoladowe z mąki migdałowej i masła orzechowego

Porcje: 6

Czas gotowania: 25 minut

Składniki:

1 szklanka mąki migdałowej

1 łyżeczka proszku do pieczenia

1/8 łyżeczki soli

½ szklanki erytrytolu

1/3 szklanki mleka migdałowego, niesłodzonego

2 jajka organiczne

1/3 szklanki masła orzechowego, niesłodzonego

2 łyżki ziaren kakaowych

Wskazania:

1. Włącz piekarnik, ustaw temperaturę na 100°F i poczekaj, aż się rozgrzeje.

2. W międzyczasie do miski wsyp mąkę, dodaj drożdże, sól i erytrytol i mieszaj do połączenia składników.

3. Następnie wlać mleko, dodać jajka i masło orzechowe, ubić do połączenia, a następnie dodać ziarna kakaowe.

4. Weź formę na sześć muffinów, wyłóż je papilotkami, równomiernie napełnij przygotowanym ciastem i piecz przez 25 minut, aż muffiny będą ugotowane i złocistobrązowe.

5. Po upieczeniu przełóż muffiny na metalową kratkę, aby całkowicie ostygły, a następnie zawiń każdą muffinkę w folię i przechowuj w lodówce do pięciu dni.

6. Podawaj babeczki, gdy są gotowe do spożycia.

Informacje żywieniowe:Kalorie 265, całkowity tłuszcz 20,5 g, całkowita ilość węglowodanów 2 g, białko 7,5 g

Pyszne tofu

Porcje: 4

Czas gotowania: 20 minut

Składniki:

2 łyżeczki prażonego oleju sezamowego

1 łyżeczka octu ryżowego

2 łyżki sosu sojowego o obniżonej zawartości sodu

½ łyżeczki proszku cebulowego

1 łyżeczka czosnku w proszku

1 blok tofu pokrojonego w kostkę

1 łyżka skrobi ziemniaczanej

Wskazania:

1. W misce połącz wszystkie składniki oprócz tofu i skrobi ziemniaczanej.

2. Dobrze wymieszaj.

3. Dodaj tofu do miski.

4. Pozostawić do marynowania na 30 minut.

5. Posyp tofu skrobią ziemniaczaną.

6. Dodaj tofu do koszyka frytownicy.

7. Smażyć na powietrzu w temperaturze 370 stopni F przez 20 minut, potrząsając w połowie.

Kalafior z serem i tymiankiem

Porcje: 2

Czas gotowania: 15 minut

Składniki:

½ szklanki startej mozzarelli

¼ szklanki startego parmezanu

¼ dużej główki kalafiora

½ szklanki jarmużu kędzierzawego

1 duże jajko organiczne

1 łodyga zielonej cebuli

½ łyżki oliwy z oliwek

½ łyżeczki czosnku w proszku

¼ łyżeczki soli

½ łyżki nasion sezamu

1 łyżeczka świeżego tymianku, posiekanego

¼ łyżeczki mielonego czarnego pieprzu

Wskazania:

1. Włóż kalafior do robota kuchennego, dodaj dymkę, kalarepę i tymianek, a następnie miksuj przez 2 do 3 minut, aż masa będzie gładka.

2. Przelać masę do miski, dodać pozostałe składniki i mieszać do połączenia.

3. Rozgrzej gofrownicę, natłuść ją olejem i gdy będzie gorąca, wlej do niej połowę przygotowanego ciasta, zamknij pokrywkę i smaż, aż uzyskasz złoty kolor i twardość.

4. Po upieczeniu przełożyć gofry na talerz i ugotować w ten sam sposób kolejny gofr z pozostałego ciasta.

5. Podawaj natychmiast.

<u>Informacje żywieniowe:</u>Kalorie 144, całkowita ilość węglowodanów 8,5, całkowita zawartość tłuszczu 9,4 g, białko 9,3 g, cukier 3 g, sód 435 mg

Muffinki ze słodkiej kukurydzy

Porcje: 1

Składniki:

1 łyżka stołowa. proszek do pieczenia bez sodu

¾ w. mleko niemleczne

1 łyżeczka. czysty ekstrakt z wanilli

½ w. cukier

1 w. biała mąka pełnoziarnista

1 w. mąka kukurydziana

½ w. olej rzepakowy

Wskazania:

1. Rozgrzej piekarnik do 200°F. Formę na 12 muffinów wyłóż folią i odłóż na bok.

2. Do miski miksującej wsyp mąkę kukurydzianą, mąkę, cukier i proszek do pieczenia i dobrze wymieszaj.

3. Dodaj mleko niemleczne, olej i wanilię i mieszaj, aż składniki się dobrze połączą.

4. Rozłóż ciasto równomiernie pomiędzy papilotkami na muffinki. Formę do muffinów włóż do piekarnika na środkową półkę i piecz przez 15 minut.

5. Wyjmij z piekarnika i połóż na metalowej kratce do ostygnięcia.

Informacje żywieniowe:Kalorie: 203, Tłuszcz: 9 g, Węglowodany: 26 g, Białko: 3 g, Cukry: 9,5 g, Sód: 255 mg

Świeże i owocowe semifreddo

Porcje: 2

Czas gotowania: 0 minut

Składniki:

½ szklanki świeżych malin

Szczypta cynamonu

1 łyżeczka syropu klonowego

2 łyżki nasion chia

16 uncji jogurtu naturalnego

Świeże owoce: jeżyny, nektarynki lub pokrojone truskawki Wskazania:

1. Za pomocą widelca rozgnieć maliny w misce na konsystencję dżemu. Dodać cynamon, syrop i nasiona chia. Kontynuuj ubijanie, aż wszystkie składniki zostaną włączone. Odłożyć na bok.

2. W dwóch szklankach nałóż na przemian warstwy jogurtu i mieszanki.

Udekoruj plasterkami świeżych owoców.

Informacje żywieniowe: Kalorie 315 Tłuszcz: 8,7 g Białko: 19,6 g Sód: 164 mg Węglowodany ogółem: 45,8 g Błonnik pokarmowy: 6,5 g

Tost z łososiem z serkiem śmietankowym

Porcje: 2

Czas gotowania: 2 minuty

Składniki:

Tost pełnoziarnisty lub żytni, dwie kromki

Czerwona cebula, drobno posiekana, dwie łyżki

Serek śmietankowy o niskiej zawartości tłuszczu, dwie łyżki

Płatki bazylii, pół łyżeczki

Rukola lub szpinak, posiekany, 1/2 szklanki

Wędzony łosoś, dwie uncje

Wskazania:

1. Tost z chleba pszennego. Wymieszaj serek śmietankowy i bazylię i posmaruj tę mieszaninę tostem. Dodać łososia, rukolę i cebulę.

Informacje żywieniowe:Kalorie 291 tłuszczu 15,2 grama węglowodanów 17,8

gramy cukru 3 gramy

Porcje pieczonych płatków owsianych z orzechami i bananem

Porcje: 9

Czas gotowania: 40 minut

Składniki:

Płatki owsiane - 2,25 szklanki

Banan, puree - 1 szklanka

Jajka - 2

Pasta daktylowa - 2 łyżki

Olej sojowy - 3 łyżki

Mleko migdałowe niesłodzone – 1 szklanka

Ekstrakt waniliowy - 1 łyżeczka

Sól morska - 0,5 łyżeczki

Cynamon - 1 łyżeczka

Proszek do pieczenia - 1 łyżeczka

Orzechy włoskie, posiekane - 0,5 szklanki

Wskazania:

1. Rozgrzej piekarnik do 350 stopni Fahrenheita i natłuść lub wyłóż blachę do pieczenia o wymiarach osiem na osiem pergaminem kuchennym, aby zapobiec przywieraniu.

2. W misce wymieszaj pastę daktylową z puree bananowym, mlekiem migdałowym, jajkami, olejem sojowym i wanilią. Ubijaj tę mieszaninę, aż pasta daktylowa zostanie całkowicie połączona z innymi składnikami bez grudek. Ale grudki z puree bananowego są w porządku.

3. Do mieszanki bananowej dodaj płatki owsiane, cynamon, sól morską i proszek do pieczenia, a następnie delikatnie dodaj posiekane orzechy.

4. Po połączeniu bananów i płatków owsianych rozprowadź mieszaninę na dnie przygotowanego naczynia do pieczenia i umieść naczynie na środku gorącego piekarnika. Gotuj, aż płatki owsiane staną się złotobrązowe i ustawione, około trzydziestu do trzydziestu pięciu minut. Wyjmij upieczone danie z płatków owsianych z piekarnika i pozostaw je do ostygnięcia na co najmniej pięć minut przed podaniem. Do spożycia samodzielnie lub ze świeżymi owocami i jogurtem.

Ziemniaki i fasola

Porcje: 4

Czas gotowania: 50 minut

Składniki:

Ziemniaki pokrojone w kostkę - 4 szklanki

Grzyby pokrojone w plasterki - 0,5 szklanki

Papryka pokrojona w kostkę – 1

Cukinia pokrojona w kostkę - 1 szklanka

Dynia żółta, pokrojona w kostkę - 1 szklanka

Fasola Pinto, gotowana – 1,75 szklanki

Czarny pieprz, mielony - 0,25 łyżeczki

Papryka mielona - 0,5 łyżeczki

Sól morska - 0,5 łyżeczki

Proszek cebulowy - 1,5 łyżeczki

Czosnek w proszku - 1,5 łyżeczki

Wskazania:

1. Rozgrzej piekarnik do 120 stopni Fahrenheita i wyłóż dużą aluminiową blachę do pieczenia papierem pergaminowym.

2. Na blachę do pieczenia włóż pokrojone w kostkę ziemniaki i dopraw solą morską i czarnym pieprzem. Włóż przyprawione, pokrojone w kostkę ziemniaki do piekarnika i piecz przez dwadzieścia pięć minut. Wyjąć ziemniaki i dobrze wymieszać.

3. W międzyczasie wymieszaj pozostałe składniki haszyszu na dużej patelni nadającej się do pieczenia w piekarniku. Po podsmażeniu częściowo pieczonych ziemniaków włóż patelnię ziemniaczaną i patelnię z warzywami do piekarnika. Obie porcje haszyszu pieczemy przez kolejne piętnaście minut.

4. Wyjmij patelnię i patelnię z piekarnika i wymieszaj zawartość patelni z pieczonymi ziemniakami. Podawać samo lub z jajkami.

Brzoskwinie Z Miodem Migdałowym i Ricottą

Porcje: 6

Czas gotowania: 0 minut

Składniki:

Propagacja

Twarożek, odtłuszczone mleko, jedna filiżanka

Kochanie, łyżeczka

Migdały, pokrojone w cienkie plasterki, pół szklanki

Ekstrakt migdałowy, ćwierć łyżeczki

Służyć

Brzoskwinie, pokrojone w plasterki, jedna filiżanka

Chleb pełnoziarnisty, bułeczki lub tosty

Wskazania:

1. Wymieszaj ekstrakt migdałowy, miód, ricottę i migdały. Rozłóż łyżkę tej mieszanki na tostowym chlebie i przykryj brzoskwiniami.

Informacje żywieniowe:Kalorie 230 Białko 9 gramów Tłuszcz 8 gramów Węglowodany 37 gramów Błonnik 3 gramy Cukier 34 gramy

Chleb z cukinii

Porcje: 6

Czas gotowania: 70 minut

Składniki:

Biała mąka pełnoziarnista - 2 szklanki

Soda oczyszczona - 1 łyżeczka

Proszek do pieczenia - 2 łyżeczki

Sól morska - 0,5 łyżeczki

Cynamon, mielony - 2 łyżeczki

Jajko, duże - 1

Ekstrakt waniliowy - 1 łyżeczka

Mus jabłkowy, niesłodzony - 0,5 szklanki

Cukinia, starta - 2 szklanki

Słodzik owocowy Lakanto Monk - 0,75 szklanki

Wskazania:

1. Rozgrzej piekarnik do 350 stopni Fahrenheita i wyłóż blachę do pieczenia o wymiarach dziewięć na pięć cali pergaminem lub natłuść ją.

2. W dużej misce wymieszaj mus jabłkowy, cukinię, ekstrakt waniliowy, słodzik z owoców mnicha, jajko i ekstrakt waniliowy. W osobnym naczyniu do pieczenia łączymy suche składniki tak, aby nie powstały grudki po drożdżach lub sodzie.

3. Dodaj wymieszane suche składniki na chleb cukiniowy do mokrych składników i delikatnie wymieszaj, aż dobrze się wymieszają.

Oskrobać patelnię, aby zagnieść ciasto, wlewając zawartość do przygotowanej formy.

4. Włóż placek z cukinii do piekarnika i gotuj, aż będzie ugotowany. Jest gotowe, gdy po włożeniu wykałaczki można ją czysto wyjąć – około godziny.

5. Wyjmij patelnię z cukinią z piekarnika i pozostaw ją do ostygnięcia na dziesięć minut, a następnie wyjmij bochenek cukinii z patelni i przenieś bochenek na drucianą kratkę, aby dokończyć studzenie. Przed krojeniem poczekaj, aż placek z cukinii całkowicie ostygnie.

Porcje lasek cynamonu i jabłek

Porcje: 4

Czas gotowania: 35 minut

Składniki:

Owies - 1 szklanka

Cynamon, mielony - 1 łyżeczka

Proszek do pieczenia - 0,5 łyżeczki

Soda oczyszczona - 0,5 łyżeczki

Ekstrakt waniliowy - 1 łyżeczka

Sól morska - 0,125 łyżeczki

Słodzik owocowy mnicha Lakanto – 3 łyżki jabłka obranego i pokrojonego w kostkę – 1

Jogurt zwykły - 3 łyżki

Olej sojowy - 1 łyżka

Jajka - 2

Wskazania:

1. Rozgrzej piekarnik do 350 stopni Fahrenheita i wyłóż kwadratową patelnię o wymiarach osiem na osiem cali pergaminem kuchennym.

2. W blenderze dodaj trzy czwarte płatków owsianych i pozostałe składniki. Mieszaj do momentu wymieszania, a następnie użyj szpatułki, aby dodać ostatnie pozostałe płatki owsiane. Wlać mieszaninę do przygotowanej formy do pieczenia, a następnie umieścić ją na środku piekarnika i piec, aż batoniki jabłkowo-cynamonowe zostaną ugotowane, co zajmie około dwudziestu pięciu do trzydziestu minut. Batony są gotowe po czystym włożeniu i wyjęciu noża lub wykałaczki.

3. Wyjmij formę z jabłkiem i cynamonem z piekarnika i poczekaj, aż batony całkowicie ostygną, a następnie pokrój je i włóż do lodówki.

Chociaż możesz jeść te batony w temperaturze pokojowej, najlepiej smakują, gdy najpierw pozwolisz im trochę ostygnąć.

Porcje babeczek jagodowych

Porcje: 10

Czas gotowania: 22-25 minut

Składniki:

2 ½ szklanki mąki migdałowej

1 łyżka mąki kokosowej

½ łyżeczki sody oczyszczonej

3 łyżki mielonego cynamonu, podzielone

Sól dla smaku

2 jajka organiczne

¼ szklanki mleka kokosowego

¼ szklanki oleju kokosowego

¼ szklanki syropu klonowego

1 łyżka organicznego aromatu waniliowego

1 szklanka świeżych jagód

Wskazania:

1. Rozgrzej piekarnik do 150 stopni F. Nasmaruj 10 filiżanek dużej formy do muffinów.

2. W dużej misce wymieszaj mąkę, sodę oczyszczoną, 2 łyżki cynamonu i sól.

3. W drugiej misce dodaj jajka, mleko, olej, syrop klonowy i wanilię i ubijaj, aż składniki się połączą.

4. Dodaj masę jajeczną do mąki i mieszaj, aż składniki dobrze się połączą.

5. Wymieszaj jagody.

6. Równomiernie ułóż mieszankę w przygotowanych papilotkach.

7. Posyp równomiernie cynamonem.

8. Piec około 22-25 minut lub do momentu, aż wykałaczka wbita w środek będzie sucha.

Informacje żywieniowe:Kalorie: 328, Tłuszcz: 11 g, Węglowodany: 29 g, Błonnik: 5 g, Białko: 19 g

Porcje smoothie jagodowego

Porcje: 1

Czas gotowania: 0 minut

Składniki:

1 banan, obrany

2 garści szpinaku baby

1 łyżka masła migdałowego

½ szklanki borówek

¼ łyżeczki mielonego cynamonu

1 łyżeczka proszku maca

½ szklanki wody

½ szklanki mleka migdałowego, niesłodzonego

Wskazania:

1. W blenderze zmiksuj szpinak z bananem, jagodami, masłem migdałowym, cynamonem, proszkiem maca, wodą i mlekiem. Dobrze wymieszaj, przelej do szklanki i podawaj.

2. Baw się dobrze!

Informacje żywieniowe:kalorie 341, tłuszcz 12, błonnik 11, węglowodany 54, białko 10

Słodkie ziemniaki nadziewane cynamonem i jabłkami Porcje: 4

Czas gotowania: 10 minut

Składniki:

Słodkie ziemniaki, pieczone - 4

Czerwone jabłka, pokrojone w kostkę - 3

Woda - 0,25 szklanki

Sól morska - szczypta

Cynamon, mielony - 1 łyżeczka

Goździki, mielone - 0,125 łyżeczki

Imbir, mielony - 0,5 łyżeczki

Orzechy pekan, posiekane - 0,25 szklanki

Masło migdałowe - 0,25 szklanki

Wskazania:

1. Na dużej patelni z powłoką nieprzywierającą połącz jabłka z wodą, solą morską, przyprawami i orzechami pekan. Przykryj jabłka szczelnie

przylegającą pokrywką i gotuj na wolnym ogniu przez około 5-7 minut, aż będą miękkie.

Dokładny czas gotowania przyprawionych jabłek będzie zależał od wielkości plasterków jabłek i odmiany jabłek, których użyjesz.

2. Przekrój upieczone słodkie ziemniaki na pół, układając każdą połówkę na półmisku. Gdy jabłka się ugotują, połóż je na słodkich ziemniakach i skrop masłem migdałowym.

Podawać jeszcze gorące.

Pomidory faszerowane jajkiem

Porcje: 2

Czas gotowania: 40 minut

Składniki:

Pomidory duże, dojrzałe - 2

Jajka - 2

Parmezan, tarty - 0,25 szklanki

Cebula zielona, pokrojona w plasterki - 3

Czosnek, mielony - 2 ząbki

Pietruszka, świeża - 1 łyżka

Sól morska - 0,5 łyżeczki

Oliwa z oliwek z pierwszego tłoczenia - 1 łyżka

Czarny pieprz, mielony - 0,5 łyżeczki

Wskazania:

1. Rozgrzej piekarnik do 100 stopni Fahrenheita i przygotuj naczynie żaroodporne do gotowania.

2. Na desce do krojenia pokrój górę pomidora otaczającą łodygę. Łyżką delikatnie wydrąż wnętrze pomidora w miejscu przecięcia i usuń nasiona z owocu, wyrzucając je.

Powinno pozostać jedno opakowanie owocu pomidora, bez nadmiaru płynu i nasion.

3. W naczyniu do pieczenia wymieszaj sól morską, czarny pieprz i świeżą pietruszkę. Po połączeniu, rozprowadź połowę mieszanki na każdym pomidorze, używając ręki lub łyżki, aby rozprowadzić przyprawy wokół wewnętrznej ścianki pomidora.

4. Na patelni podgrzej czosnek i zieloną cebulę w oliwie z oliwek na średnim ogniu, aż będą miękkie i pachnące, około 4 do 5 minut. Po ugotowaniu dodaj parmezan i podziel mieszaninę pomiędzy dwa pomidory, wkładając ją do środka. Teraz, gdy patelnia jest pusta, przenieś pomidory z deski do krojenia na patelnię. Na koniec wbij jajko do każdego pomidora.

5. Włóż patelnię z nadziewanymi pomidorami do gorącego piekarnika i piecz, aż jajko się zetnie, czyli około dwudziestu pięciu do trzydziestu minut. Wyjmij naczynie z pomidorami nadziewanymi jajkiem i podawaj na ciepło, samo lub z tostowym pieczywem razowym.

Jajecznica z jarmużu z kurkumą

Porcje: 1

Czas gotowania: 10 minut

Składniki:

Oliwa z oliwek, dwie łyżki

Jarmuż, rozdrobniony, pół szklanki

Kiełki, pół szklanki

Czosnek, mielony, jedna łyżka

Czarny pieprz, ćwierć łyżeczki

Kurkuma, mielona, jedna łyżka

Jajka, dwa

Wskazania:

1. Jajka ubić, dodać kurkumę, czarny pieprz i czosnek.

Smażyć jarmuż na oliwie z oliwek na średnim ogniu przez pięć minut, następnie wlać masę jajeczną na patelnię z jarmużem. Kontynuuj gotowanie, często mieszając, aż jajka się zetną. Uzupełnij surowymi kiełkami i podawaj.

Informacje żywieniowe:Kalorie 137 tłuszczu 8,4 grama węglowodanów 7,9 grama błonnika 4,8

gram cukru 1,8 grama białka 13,2 grama

Zapiekanka Z Serem i Kiełbasą Z Gustosa Marinara

Porcje: 6

Czas gotowania: 20 minut

Składniki:

½ łyżki oliwy z oliwek

½ funta kiełbasy

2,5 uncji sosu marinara

120 g startego parmezanu

120 g startej mozzarelli

Wskazania:

1. Włącz piekarnik, ustaw temperaturę na 100°C i poczekaj, aż się rozgrzeje.

2. Weź naczynie do pieczenia, posmaruj je olejem, włóż połowę kiełbasy, ubijaj i równomiernie rozprowadź na dnie naczynia do pieczenia.

3. Na patelnię połóż kiełbasę połową każdego sosu marinara, parmezanem i mozzarellą, a następnie posyp pozostałą kiełbasą.

4. Ułóż kiełbasę z pozostałym sosem marinara, parmezanem i mozzarellą i piecz przez 20 minut, aż kiełbasa będzie ugotowana, a ser się roztopi.

5. Po zakończeniu odczekaj, aż zapiekanka całkowicie ostygnie, następnie równomiernie podziel ją pomiędzy sześć hermetycznych pojemników i przechowuj w lodówce do 12 dni.

6. Gdy będziesz gotowy do spożycia, podgrzej zapiekankę w kuchence mikrofalowej, aż będzie gorąca i podawaj.

Informacje żywieniowe:Kalorie 353, całkowity tłuszcz 24,3 g, całkowita ilość węglowodanów 5,5 g, białko 28,4, cukier 5 g, sód 902 mg

Pudding chia ze złotym mlekiem Porcje: 4

Czas gotowania: 0 minut

Składniki:

4 szklanki mleka kokosowego

3 łyżki miodu

1 łyżeczka ekstraktu waniliowego

1 łyżeczka mielonej kurkumy

½ łyżeczki mielonego cynamonu

½ łyżeczki mielonego imbiru

¾ szklanki jogurtu kokosowego

½ szklanki nasion chia

1 szklanka świeżych jagód

¼ szklanki prażonych płatków kokosowych

Wskazania:

1. W misce wymieszaj mleko kokosowe, miód, ekstrakt waniliowy, kurkumę, cynamon i imbir. Dodaj jogurt kokosowy.

2. Do misek włóż nasiona chia, jagody i płatki kokosowe.

3. Wlać mieszankę mleczną.

4. Pozostawić do ostygnięcia w lodówce na 6 godzin.

Informacje żywieniowe:Kalorie 337 Tłuszcze ogółem 11 g Tłuszcze nasycone 2 g Węglowodany ogółem 51 g Węglowodany netto 49 g Białko 10 g Cukier: 29 g Błonnik: 2 g Sód: 262 mg Potas 508 mg

Ciasto marchewkowe Porcje: 2

Czas gotowania: 1 minuta

Składniki:

Mleko kokosowe lub migdałowe, jedna filiżanka

Nasiona Chia, jedna łyżka stołowa

Cynamon, mielony, jedna łyżeczka

Rodzynki, pół szklanki

Serek śmietankowy o niskiej zawartości tłuszczu, dwie łyżki marchewki o temperaturze pokojowej, jedną dużą obrać i posiekać

Kochanie, dwie łyżki

Wanilia, łyżeczka

Wskazania:

1. Wymieszaj wszystkie wymienione produkty i przechowuj je w bezpiecznym pojemniku w lodówce na noc. Jedz rano na zimno. Jeśli zdecydujesz się na podgrzanie, umieść je w kuchence mikrofalowej na minutę i dobrze wymieszaj przed jedzeniem.

Informacje żywieniowe:Kalorie 340 cukru 32 gramy białka 8 gramów tłuszczu 4

gramów błonnika 9 gramów węglowodanów 70 gramów

Naleśniki miodowe

Porcje: 2

Czas gotowania: 5 minut

Składniki:

½ szklanki mąki migdałowej

2 łyżki mąki kokosowej

1 łyżka zmielonego siemienia lnianego

¼ łyżeczki sody oczyszczonej

½ łyżki mielonego imbiru

½ łyżki mielonej gałki muszkatołowej

½ łyżki mielonego cynamonu

½ łyżeczki mielonych goździków

Szczypta soli

2 łyżki organicznego miodu

¾ szklanki organicznych białek jaj

½ łyżeczki organicznego ekstraktu waniliowego

Olej kokosowy, do smaku

Wskazania:

1. W dużej misce wymieszaj mąkę, siemię lniane, sodę oczyszczoną, przyprawy i sól.

2. Do drugiej miski dodaj miód, białka i wanilię i ubijaj na gładką masę.

3. Dodaj masę jajeczną do mąki i mieszaj, aż składniki dobrze się połączą.

4. Lekko nasmaruj dużą patelnię z powłoką nieprzywierającą olejem i podgrzej na średnim ogniu.

5. Dodaj około ¼ szklanki mieszanki i przechyl patelnię, aby równomiernie rozprowadzić ją na patelni.

6. Gotuj przez około 3-4 minuty.

7. Ostrożnie dostosuj stronę i gotuj jeszcze około 1 minuty.

8. Powtórzyć z pozostałą mieszaniną.

9. Podawać z wybranymi dodatkami.

Informacje żywieniowe:Kalorie: 291, Tłuszcz: 8 g, Węglowodany: 26 g, Błonnik: 4 g, Białko: 23 g

Naleśniki bezglutenowe Porcje: 10

Czas gotowania: 30 minut

Składniki:

opcja 1

Przygotuj naleśniki z bezglutenowej i niezawierającej gumy mieszanki na gofry i naleśniki

3 łyżki cukru

1 1/2 szklanki bezglutenowej mieszanki naleśnikowej

1 szklanka zimnej wody

2 jajka

2 łyżki masła, roztopionego

Opcja 2

Zrób naleśniki, używając ulubionej bezglutenowej i niezawierającej gumy mieszanki mąk:

2 łyżki masła, roztopionego

3 łyżki cukru

1 szklanka zimnej wody

2 łyżki zimnej wody

2 jajka

1 1/2 szklanki mąki bezglutenowej

1/2 łyżeczki bezglutenowego proszku do pieczenia lub zmieszaj w równych częściach sodę oczyszczoną i krem z kamienia nazębnego

1/2 łyżeczki ekstraktu waniliowego

Wskazania:

1. W dużej misce wymieszaj wszystkie składniki naleśnika i ubijaj, aż grudki się rozpuszczą. Pozostaw mieszaninę w temperaturze pokojowej na około 15 minut. Po 15 minutach zgęstnieje.

2. Rozgrzewamy patelnię bardzo mocno, spryskujemy ją olejem w sprayu i wlewamy na patelnię niewielką ilość ciasta za pomocą łyżki do zupy lub 1/4 miarkę podczas zwijania blachy z boku.

3. Pozwól, aby cienka warstwa ciasta naleśnikowego smażyła się przez 1, 2 lub 3 minuty, następnie przewróć naleśnik na drugą stronę i smaż przez kolejną minutę.

Informacje żywieniowe:Kalorie 100 Węglowodany: 14 g Tłuszcz: 4 g Białko: 3 g

Ryż marchewkowy z jajecznicą

Porcje: 3

Czas gotowania: 3 godziny

Składniki:

Do słodkiego sosu sojowego Tamari

3 łyżki sosu tamari (bezglutenowy)

1 łyżka wody

2-3 łyżki melasy

Do pikantnych mieszanek

3 ząbki czosnku

1 mała szalotka (pokrojona w plasterki)

2 długie czerwone chilli

Szczypta mielonego imbiru

Na ryż marchewkowy:

2 łyżki oleju sezamowego

5 jaj

4 duże marchewki

8 uncji kiełbasy (kurczak lub jakakolwiek inna – bezglutenowa i mielona).

1 łyżka słodkiego sosu sojowego

1 szklanka kiełków fasoli

1/2 szklanki pokrojonych w kostkę brokułów

Sól i pieprz do smaku

Dekorować:

Kolendra

Ostry sos azjatycki

ziarenka sezamu

Wskazania:

1. Na sos:

2. W rondlu na dużym ogniu zagotuj melasę, wodę i tamari.

3. Po zagotowaniu sosu zmniejsz ogień i gotuj, aż melasa całkowicie się rozpuści.

4. Sos przełóż do osobnej miski.

5. Na ryż marchewkowy:

6. W misce wymieszaj imbir, czosnek, cebulę i czerwone chilli.

7. Aby przygotować ryż z marchewką, zwiń marchewki w spiralizatorze.

8. Zmiksuj spiralne marchewki w robocie kuchennym.

9. Brokuły pokroić w kostkę. 10. Do miski z cebulą, imbirem, czosnkiem i chili dodać kiełbasę, marchewkę, brokuły i kiełki fasoli.

11. Do wolnowaru dodaj pikantną mieszankę warzywną i sos tamari.

12. Ustawić piec na duży ogień na 3 godziny lub na mały ogień na 6 godzin.

13. Rozbełtaj dwa jajka na patelni lub patelni z powłoką nieprzywierającą.

14. Nałóż na talerz ryż marchewkowy i połóż na nim jajecznicę.

15. Udekoruj sezamem, azjatyckim sosem chili i kolendrą.

Informacje żywieniowe:Kalorie 230 mg Tłuszcz całkowity: 13,7 g Węglowodany: 15,9 g Białko: 12,2 g Cukier: 8 g Błonnik 4,4 g Sód: 1060 mg Cholesterol: 239 mg.

Słodkie ziemniaki na śniadanie

Porcje: 6

Czas gotowania: 15 minut

Składniki:

2 słodkie ziemniaki, pokrojone w kostkę

2 łyżki oliwy z oliwek

1 łyżka papryki

1 łyżeczka suszonego ziela koperku

Pieprz według potrzeby

Wskazania:

1. Rozgrzej frytownicę do temperatury 400 stopni F.

2. Połącz wszystkie składniki w misce.

3. Przenieś do frytkownicy.

4. Gotuj przez 15 minut, mieszając co 5 minut.

Babeczki jajeczne z fetą i komosą ryżową

Porcje: 12

Czas gotowania: 30 minut

Składniki:

Jajka, osiem

Pomidory, posiekane, jedna filiżanka

Sól, ćwierć łyżeczki

Feta, jedna filiżanka

Komosa ryżowa, jedna filiżanka ugotowana

Oliwa z oliwek, dwie łyżeczki

Oregano, świeży kotlet, łyżka

Czarne oliwki, posiekane, jedna czwarta szklanki

Cebula, posiekana, jedna czwarta szklanki

Szpinak baby, posiekany, dwie szklanki

Wskazania:

1. Rozgrzej piekarnik do 350°C. Formę do muffinów na dwanaście filiżanek posmaruj olejem. Gotuj szpinak, oregano, oliwki, cebulę i pomidory przez pięć minut na oliwie z oliwek na średnim ogniu. Ubij jajka. Do jajek z serem i solą dodać ugotowaną mieszankę warzywną. Wlać mieszaninę do foremek na muffinki. Gotuj trzydzieści minut. Pozostaną świeże w lodówce przez dwa dni. Aby zjeść, wystarczy owinąć papierowym ręcznikiem i podgrzać w kuchence mikrofalowej przez trzydzieści sekund.

<u>Informacje żywieniowe:</u>Kalorie 113 węglowodanów 5 gramów białka 6 gramów tłuszczu 7 gram cukru 1 gram

Pikantne placuszki z ciecierzycy: 1 porcja

Czas gotowania: 15 minut

Składniki:

Woda - 0,5 szklanki plus 2 łyżki

Cebula drobno posiekana - 0,25 szklanki

Papryka pokrojona w kostkę - 0,25 szklanki

Mąka z ciecierzycy - 0,5 szklanki

Proszek do pieczenia - 0,25 łyżeczki

Sól morska - 0,25 łyżeczki

Proszek czosnkowy - 0,25 łyżeczki

Płatki czerwonej papryki - 0,125 łyżeczki

Czarny pieprz, mielony - 0,125 łyżeczki

Wskazania:

1. Rozgrzej dziesięciocalową patelnię z powłoką nieprzywierającą na średnim ogniu i przygotuj ciasto na naleśniki z ciecierzycy.

2. W naczyniu do pieczenia wymieszaj mąkę z ciecierzycy z proszkiem do pieczenia i przyprawami. Po połączeniu dodaj wodę i energicznie mieszaj przez piętnaście do trzydziestu sekund, aby w cieście z ciecierzycy pojawiło się mnóstwo pęcherzyków powietrza, które spowodowały gnicie i zbicie.

Dodajemy pokrojoną w kostkę cebulę i pieprz.

3. Gdy patelnia będzie już gorąca, wlewaj na nią całe ciasto na raz, tak aby powstał jeden duży naleśnik. Poruszaj patelnią okrężnymi ruchami, aby równomiernie rozprowadzić ciasto po dnie patelni, a następnie pozostaw je w spokoju.

4. Ugotuj placek z ciecierzycy, aż stwardnieje i będzie można go łatwo odwrócić bez rozpadania się, około 5 do 7 minut. Spód powinien być złocistobrązowy. Ostrożnie przewróć placek z ciecierzycy dużą szpatułką i smaż drugą stronę przez kolejne pięć minut.

5. Zdejmij patelnię z pikantnym placem z ciecierzycy z ognia i przełóż placek na talerz, zachowując go w całości lub pokrój w kliny. Podawać z wybranymi pikantnymi sosami i dipami.

Latte z kurkumą: 2 porcje

Czas gotowania: 5 minut

Składniki:

1 1/2 szklanki mleka kokosowego, niesłodzonego

1 1/2 szklanki mleka migdałowego, niesłodzonego

¼ łyżeczki mielonego imbiru

1 ½ łyżeczki mielonej kurkumy

1 łyżka oleju kokosowego

¼ łyżeczki mielonego cynamonu

Wskazania:

1. Do rondelka wlać mleko kokosowe i migdałowe, podgrzać na średnim ogniu, dodać imbir, olej, kurkumę i cynamon. Wymieszaj i gotuj przez 5 minut, rozłóż do misek i podawaj.

2. Baw się dobrze!

Informacje żywieniowe:kalorie 171, tłuszcze 3, błonnik 4, węglowodany 6, białko 7

Zielona Shakshuka: 4 porcje

Czas gotowania: 25 minut

Składniki:

2 łyżki oliwy z oliwek z pierwszego tłoczenia

1 cebula, posiekana

2 ząbki czosnku, posiekane

1 jalapeño, pozbawione pestek i posiekane

1 funt szpinaku (rozmrożony, jeśli jest zamrożony)

1 łyżeczka suszonego kminku

¾ łyżeczki kolendry

Sól i świeżo zmielony czarny pieprz

2 łyżki harissy

½ szklanki bulionu warzywnego

8 dużych jaj

Posiekana świeża pietruszka, jeśli potrzeba do podania Posiekana świeża kolendra, jeśli potrzeba do podania Płatki chili, jeśli potrzeba do podania

Wskazania:

1. Rozgrzej piekarnik do 150°F.

2. Rozgrzej oliwę z oliwek na dużej, nadającej się do piekarnika patelni na średnim ogniu. Dodać cebulę i smażyć przez 4-5 minut. Dodaj czosnek i jalapeño, następnie smaż jeszcze 1 minutę, aż zaczną wydzielać zapach.

3. Dodaj szpinak i gotuj, aż całkowicie zwiędnie, jeśli jest świeży, 4 do 5 minut lub 1 do 2 minut, jeśli rozmroził się z zamrożonego, aż do całkowitego podgrzania.

4. Dopraw kminkiem, pieprzem, kolendrą, solą i harissą. Gotuj przez około 1 minutę, aż zacznie pachnieć.

5. Przenieść mieszaninę do miski robota kuchennego lub blendera i zmiksować na gruboziarnistą masę. Dodaj bulion i mieszaj, aż mieszanina będzie gładka i gęsta.

6. Wyczyść patelnię i posmaruj ją nieprzywierającym sprayem kuchennym. Wlać mieszaninę szpinaku na patelnię i drewnianą łyżką zrobić osiem okrągłych wgłębień.

7. Delikatnie wbij jajka do probówek. Włóż formę do piekarnika i piecz przez 20 do 25 minut, aż białka całkowicie stwardnieją, ale żółtka nadal będą lekko drżące.

8. Posyp szakszuka do smaku natką pietruszki, kolendrą i płatkami czerwonej papryki. Natychmiast podawaj.

Informacje żywieniowe: 251 kalorii 17 g tłuszczu 10 g węglowodanów 17 g białka 3 g cukrów

Chleb proteinowy z komosy ryżowej:

Porcje 12

Czas gotowania: 1 godzina i 45 minut

Składniki:

Mąka z ciecierzycy - 1 szklanka

Prażona mąka z komosy ryżowej – 1 szklanka

Skrobia ziemniaczana - 1 szklanka

Mąka sorgo - 1 szklanka

Guma ksantanowa - 2 łyżeczki

Sól morska - 1 łyżeczka

Woda, ciepła - 1,5 szklanki

Aktywne suche drożdże - 1,5 łyżeczki

Pasta daktylowa - 2 łyżki

Nasiona maku - 1 łyżka

Nasiona słonecznika - 1 łyżka

Pepitas - 2 łyżki

Olej z awokado - 3 łyżki

Jajka, temperatura pokojowa - 3

Wskazania:

1. Przygotuj formę do pieczenia chleba o wymiarach 9 na 5 cali, wykładając ją pergaminem kuchennym i lekko natłuszczając.

2. W naczyniu do pieczenia wymieszaj gorącą wodę, pastę daktylową i drożdże, aż zawartość całkowicie się rozpuści. Pozostaw mieszankę chleba z komosą ryżową na pięć do dziesięciu minut, aż drożdże napęcznieją – należy to zrobić w ciepłym otoczeniu.

3. W międzyczasie w większym naczyniu żaroodpornym, najlepiej takim przeznaczonym do miksera, wymieszaj mąkę, skrobię, gumę ksantanową i sól morską, aż się połączą. Na koniec w małym naczyniu do pieczenia wymieszaj olej z awokado i jajka. Odłóż je na bok i poczekaj, aż drożdże zakończą kwitnienie.

4. Gdy drożdże wyrosną, włącz mikser z mąką na małym ogniu i wlej do niego mieszaninę drożdży. Pozwól, aby mikser stojący z nasadką łopatkową połączył płyn i mąkę przez kilka chwil, zanim dodasz mieszaninę oleju jajecznego. Kontynuuj mieszanie tej mieszaniny przez dwie minuty, aż utworzy spójną mieszaninę

kula ciasta. Dodaj nasiona do ciasta i miksuj przez kolejną minutę na średnich obrotach. Należy pamiętać, że ciasto będzie bardziej wilgotne i mniej elastyczne niż ciasto na tradycyjnej mące, gdyż jest bezglutenowe.

5. Wlać ciasto białkowe z komosy ryżowej do przygotowanej formy do pieczenia, przykryć plastikową kuchenką lub czystą, wilgotną szmatką i pozostawić do wyrośnięcia w ciepłym miejscu bez przeciągów, aż podwoi swoją objętość, około czterdziestu minut.

W międzyczasie rozgrzej piekarnik do 375 stopni Fahrenheita.

6. Umieść wyrośnięty bochenek na środku piekarnika i poczekaj, aż będzie ugotowany i złocisty. Kiedy stukniesz w bochenek chleba z białkiem komosy ryżowej, powinien wydawać głuchy odgłos. Wyjmij formę z chlebem białkowym z komosy ryżowej z piekarnika i pozostaw ją do ostygnięcia na pięć minut, a następnie wyjmij chleb z białka komosy ryżowej z formy i przenieś go na drucianą kratkę, aby dokończyć studzenie. Przed krojeniem poczekaj, aż bochenek quinoa całkowicie ostygnie.

Muffinki marchewkowo-kokosowo-imbirowe

Porcje: 12

Czas gotowania: 20-22 minut

Składniki:

2 szklanki blanszowanej mąki migdałowej

½ szklanki wiórków niesłodzonego kokosa

1 łyżeczka sody oczyszczonej

½ łyżeczki ziela angielskiego

½ łyżeczki mielonego imbiru

Szczypta zmielonych goździków

Sól dla smaku

3 jajka organiczne

½ szklanki organicznego miodu

½ szklanki oleju kokosowego

1 szklanka marchewki, obranej i startej

2 łyżki świeżego imbiru, obranego i startego na tarce ¾ szklanki rodzynek namoczonych w wodzie przez 15 minut i odsączonych

Wskazania:

1. Rozgrzej piekarnik do 150 stopni F. Natłuść 12 filiżanek dużej formy do muffinów.

2. W odpowiednio dużej misce wymieszaj mąkę, kawałki kokosa, sodę oczyszczoną, przyprawy i sól.

3. W drugiej misce dodaj jajka, miód i olej i ubijaj na gładką masę.

4. Dodaj masę jajeczną do mąki i mieszaj, aż składniki dobrze się połączą.

5. Wymieszaj marchewkę, imbir i rodzynki.

6. Rozłóż równomiernie masę w przygotowanych foremkach na muffiny.

7. Piec około 20-22 minut lub do momentu, aż wykałaczka wbita w środek będzie czysta.

Informacje żywieniowe:Kalorie: 352, Tłuszcz: 13 g, Węglowodany: 33 g, Błonnik: 9 g, Białko: 15 g

Ciepła owsianka miodowa: 4 porcje

Składniki:

¼ w. Miód

½ w. owsianka

3 w. gotująca się woda

¾ w. pszenica bulgur

Wskazania:

1. Do rondelka włóż kaszę bulgur i płatki owsiane. Dodać wrzącą wodę i wymieszać do połączenia.

2. Postaw patelnię na dużym ogniu i zagotuj. Gdy się zagotuje, zmniejsz ogień do małego, przykryj i gotuj na wolnym ogniu przez 10 minut, od czasu do czasu mieszając.

3. Zdejmij z ognia, dodaj miód i natychmiast podawaj.

Informacje żywieniowe:Kalorie: 172, Tłuszcz: 1 g, Węglowodany: 40 g, Białko: 4 g, Cukry: 5 g, Sód: 20 mg

Sałatka śniadaniowa:

4 porcje

Czas gotowania: 0 minut

Składniki:

27 uncji sałatki coleslaw zmieszanej z suszonymi owocami 1 1/2 szklanki jagód

15 uncji buraków, ugotowanych, obranych i pokrojonych w kostkę

¼ szklanki oliwy z oliwek

2 łyżki octu jabłkowego

1 łyżeczka kurkumy w proszku

1 łyżka soku z cytryny

1 ząbek czosnku, posiekany

1 łyżeczka startego świeżego imbiru

Szczypta czarnego pieprzu

Wskazania:

1. W salaterce wymieszaj jarmuż i suszone owoce z burakami i jagodami. W osobnej misce wymieszaj oliwę z octem, kurkumą, sokiem z cytryny, czosnkiem, imbirem i szczyptą czarnego pieprzu, dobrze wymieszaj, a następnie polej sałatkę, wymieszaj i podawaj.

2. Baw się dobrze!

<u>Informacje żywieniowe:</u>kalorie 188, tłuszcz 4, błonnik 6, węglowodany 14, białko 7

Szybka komosa ryżowa z cynamonem i nasionami chia:

2 porcje

Czas gotowania: 3 minuty

Składniki:

2 szklanki komosy ryżowej, wstępnie ugotowanej

1 szklanka mleka z nerkowców

½ łyżeczki mielonego cynamonu

1 szklanka świeżych jagód

¼ szklanki prażonych orzechów włoskich

2 łyżeczki surowego miodu

1 łyżka nasion chia

Wskazania:

1. Na średnim ogniu dodaj komosę ryżową i mleko z nerkowców do rondla. Wymieszać z cynamonem, żurawiną i orzechami włoskimi. Gotuj powoli przez trzy minuty.

2. Zdejmij patelnię z ognia. Dodaj miód. Przed podaniem udekoruj nasionami chia.

Informacje żywieniowe:Kalorie 887 Tłuszcz: 29,5 g Białko: 44 Sód: 85 mg Węglowodany ogółem: 129,3 g Błonnik pokarmowy: 18,5 g

Wafle ze słodkich ziemniaków bez zbóż

Porcje: 2

Czas gotowania: 15 minut

Składniki:

Słodkie ziemniaki, rozdrobnione - 3 szklanki

Mąka kokosowa - 2 łyżki

Arrowroot - 1 łyżka

Jajka - 2

Olej sojowy - 1 łyżka

Cynamon, mielony - 0,5 łyżeczki

Gałka muszkatołowa, mielona - 0,25 łyżeczki

Sól morska - 0,25 łyżeczki

Pasta daktylowa - 1 łyżka

Wskazania:

1. Przed miksowaniem gofrów zacznij od rozgrzania gofrownicy.

2. W misce wymieszaj jajka, olej sojowy i pastę daktylową, aż składniki się dobrze połączą. Dodać pozostałe składniki i wymieszać, aż wszystkie składniki zostaną równomiernie rozłożone.

3. Nasmaruj rozgrzaną gofrownicę i włóż trochę ciasta.

Przysuń żelazko bliżej i pozwól, aby gofry gotowały się na złoty kolor, około sześciu do siedmiu minut. Po tym czasie wafelek wyjąć widelcem i w ten sam sposób ugotować drugą połowę ciasta.

4. Podawaj bezzbożowe gofry ze słodkich ziemniaków na gorąco z ulubionymi dodatkami, takimi jak jogurt i świeże jagody, kompot owocowy lub syrop o smaku klonowym Lakanto Monk.

Omlet z grzybami, komosą ryżową i szparagami

Porcje: 3

Czas gotowania: 30 minut

Składniki:

2 łyżki oliwy z oliwek

1 szklanka pokrojonych w plasterki grzybów

1 szklanka szparagów, pokrojona na 1-calowe kawałki

½ szklanki posiekanego pomidora

6 dużych jaj wypasanych na pastwisku

2 duże białka jaj wyhodowanych na pastwisku

¼ szklanki mleka roślinnego

1 szklanka komosy ryżowej ugotowanej zgodnie z opakowaniem 3 łyżki posiekanej bazylii

1 łyżka posiekanej natki pietruszki, do dekoracji

Sól i pieprz do smaku

Wskazania:

1. Rozgrzej piekarnik do 1500F.

2. Na patelni rozgrzej oliwę z oliwek na średnim ogniu.

3. Wymieszaj grzyby i szparagi.

4. Dopraw solą i pieprzem do smaku. Smaż przez 7 minut lub do momentu, aż grzyby i szparagi staną się złotobrązowe.

5. Dodaj pomidory i gotuj przez kolejne 3 minuty. Odłożyć na bok.

6. W międzyczasie w misce miksującej wymieszaj jajka, białka i mleko.

Odłożyć na bok.

7. Ułóż komosę ryżową w naczyniu do pieczenia i udekoruj mieszanką warzywną. Wlać masę jajeczną.

8. Włóż do piekarnika i piecz przez 20 minut lub do momentu, aż jajka się zetną.

<u>Informacje żywieniowe:</u>Kalorie 450 Tłuszcze ogółem 37 g Tłuszcze nasycone 5 g Węglowodany ogółem 17 g Węglowodany netto 14 g Białko 12 g Cukier: 2 g Błonnik: 3 g Sód: 60 mg Potas 349 mg

Jajka Rancheros: 3 porcje

Czas gotowania: 20 minut

Składniki:

Jajka - 6

Tortille kukurydziane, małe - 6

Fasola smażona - 1,5 szklanki

Pokrojone w kostkę zielone chili, w puszce – 4 uncje

Pieczone pomidory w puszkach - 14.5oz

Awokado, pokrojone w plasterki - 1

Czosnek, mielony - 2 ząbki

Kolendra, posiekana - 0,5 szklanki

Cebula pokrojona w kostkę - 0,5

Sól morska - 0,5 łyżeczki

Kminek mielony - 0,5 łyżeczki

Oliwa z oliwek z pierwszego tłoczenia - 1 łyżeczka

Czarny pieprz, mielony - 0,25 łyżeczki

Wskazania:

1. W rondlu gotuj na wolnym ogniu pieczone pomidory, zielone chilli, sól morską, kminek i czarny pieprz przez pięć minut.

2. W międzyczasie podsmaż cebulę i oliwę z oliwek na dużej patelni, dodając czosnek w ostatniej minucie gotowania, czyli łącznie około pięciu minut.

3. Smażyć jajka według własnych preferencji kulinarnych; Podgrzej smażoną fasolę i podgrzej tortille.

4. Przed podaniem nałóż na tortille smażoną fasolę, pomidory, cebulę i jajka. Na wierzch połóż awokado i kolendrę, a następnie ciesz się świeżym i gorącym daniem. Jeśli lubisz, możesz dodać trochę salsy, sera lub kwaśnej śmietany.

Omlet z grzybami i szpinakiem

Porcje: 2

Czas gotowania: 15 minut

Składniki:

Oliwa z oliwek, jedna łyżka + jedna łyżka

Szpinak, świeży, posiekany, półtorej szklanki zielonej cebuli, jedna pokrojona w kostkę

Jajka, trzy

Ser Feta, jedna uncja

Grzyby, guziki, pięć plasterków

Czerwona cebula, pokrojona w kostkę, jedna czwarta szklanki

Wskazania:

1. Podsmaż grzyby, cebulę i szpinak przez trzy minuty na łyżce oliwy z oliwek i odłóż na bok. Dobrze ubij jajka i smaż je na drugiej łyżce oliwy z oliwek przez trzy do czterech minut, aż brzegi zaczną się rumienić. Posyp pozostałymi składnikami połowę omletu, a drugą połową przykryj smażone składniki. Gotuj przez minutę z każdej strony.

Informacje żywieniowe:Kalorie 337 tłuszczu 25 gramów białka 22 gramów węglowodanów 5,4 grama cukru 1,3 grama błonnika 1 gram

Wafle dyniowo-bananowe

Porcje: 4

Czas gotowania: 5 minut

Składniki:

½ szklanki mąki migdałowej

½ szklanki mąki kokosowej

1 łyżeczka sody oczyszczonej

1 i pół łyżeczki mielonego cynamonu

¾ łyżeczki mielonego imbiru

½ łyżeczki mielonych goździków

½ łyżeczki mielonej gałki muszkatołowej

Sól dla smaku

2 łyżki oliwy z oliwek

5 dużych jaj ekologicznych

¾ szklanki mleka migdałowego

½ szklanki puree z dyni

2 średnie banany, obrane i pokrojone w plasterki

Wskazania:

1. Rozgrzej gofrownicę i następnie ją nasmaruj.

2. W odpowiednio dużej misce wymieszaj mąkę, sodę oczyszczoną i przyprawy.

3. W blenderze dodaj pozostałe składniki i miksuj na gładką masę.

4. Dodaj mieszaninę mąki i mieszaj, aż

5. W rozgrzanej gofrownicy dodaj wymaganą ilość mieszanki.

6. Gotuj przez około 4-5 minut.

7. Powtórzyć używając pozostałej mieszaniny.

Informacje żywieniowe:Kalorie: 357,2, Tłuszcz: 28,5 g, Węglowodany: 19,7 g, Błonnik: 4 g, Białko: 14 g

Jajecznica z wędzonym łososiem Porcje: 2

Czas gotowania: 10 minut

Składniki:

4 jajka

2 łyżki mleka kokosowego

Świeży szczypiorek, posiekany

4 plastry dzikiego wędzonego łososia, posiekane. Sól do smaku

Wskazania:

1. W misce wymieszaj jajko, mleko kokosowe i szczypiorek.

2. Nasmaruj patelnię olejem i podgrzej na średnim ogniu.

3. Wlać masę jajeczną i mieszać jajka podczas gotowania.

4. Gdy jajka zaczną się ścinać, dodać wędzonego łososia i smażyć kolejne 2 minuty.

Informacje żywieniowe:Kalorie 349 Tłuszcze ogółem 23 g Tłuszcze nasycone 4 g Węglowodany ogółem 3 g Węglowodany netto 1 g Białko 29 g Cukier: 2 g Błonnik: 2 g Sód: 466 mg Potas 536 mg

Kremowe risotto z parmezanem, grzybami i kalafiorem

Porcje: 2

Czas gotowania: 18 minut

Składniki:

1 ząbek czosnku, obrany, pokrojony w plasterki

½ szklanki śmietanki

½ szklanki kalafiora, ryżu

½ szklanki grzybów, pokrojonych w plasterki

Olej kokosowy, do smażenia

Parmezan, tarty, do dekoracji

Wskazania:

1. Weź patelnię, postaw ją na średnim ogniu, dodaj olej kokosowy, a gdy się rozpuści, dodaj czosnek i grzyby i smaż przez 4

minut lub do momentu usmażenia.

2. Następnie na patelnię dodaj kalafior i śmietanę, dobrze wymieszaj i gotuj na wolnym ogniu przez 12 minut.

3. Przełóż risotto na talerz, udekoruj serem i podawaj.

Informacje żywieniowe:Kalorie 179, całkowity tłuszcz 17,8 g, całkowita ilość węglowodanów 4,4 g, białko 2,8 g, cukier 2,1 g, sód 61 mg

Ranczo z pieczonymi brokułami i serem Cheddar

Porcje: 2

Czas gotowania: 30 minut

Składniki:

1 ½ szklanki różyczek brokułów

Sól i świeżo mielony czarny pieprz do smaku 1/8 szklanki przyprawy ranczo

1/8 szklanki ciężkiej śmietany do ubijania

¼ szklanki posiekanego ostrego sera Cheddar

1 łyżka oliwy z oliwek

Wskazania:

1. Włącz piekarnik, ustaw temperaturę na 100°C i poczekaj, aż się rozgrzeje.

2. W międzyczasie weź średnią miskę, dodaj różyczki wraz z pozostałymi składnikami i mieszaj, aż składniki się dobrze połączą.

3. Weź naczynie do pieczenia, posmaruj je olejem, dodaj łyżkę przygotowanej mieszanki i piecz przez 30 minut, aż będzie ugotowane.

4. Po zakończeniu odstaw zapiekankę na 5 minut do ostygnięcia i podawaj.

Informacje żywieniowe:Kalorie 111, całkowity tłuszcz 7,7 g, całkowita ilość węglowodanów 5,7 g, białko 5,8 g, cukier 1,6 g, sód 198 mg

Super owsianka białkowa

Porcje: 2

Czas gotowania: 8 minut

Składniki:

¼ szklanki orzechów włoskich lub pekan, grubo posiekanych ¼ szklanki prażonych kokosów, niesłodzonych

2 łyżki nasion konopi

2 łyżki całych nasion chia

¾ szklanki mleka migdałowego, niesłodzonego

¼ szklanki mleka kokosowego

¼ szklanki masła migdałowego, prażonego

½ łyżeczki kurkumy, mielonej

1 łyżka oleju kokosowego z pierwszego tłoczenia lub oleju MCT

2 łyżki erytrytolu lub 5-10 kropli płynnej stewii (opcjonalnie) szczypta mielonego czarnego pieprzu

½ łyżeczki cynamonu lub ½ łyżeczki proszku waniliowego

Wskazania:

1. W gorącym rondlu umieść orzechy, płatki kokosowe i nasiona konopi. Piec mieszaninę przez 2 minuty lub do momentu, aż zacznie pachnieć. Zamieszaj kilka razy, żeby się nie przypaliło. Usmażoną masę przełóż do miski. Odłożyć na bok.

2. Połącz migdały i mleko kokosowe w małym rondlu ustawionym na średnim ogniu. Podgrzej mieszaninę.

3. Po podgrzaniu, ale nie zagotowaniu, wyłącz ogrzewanie. Dodaj wszystkie pozostałe składniki. Dobrze wymieszaj, aż do całkowitego rozpuszczenia. Odstawić na 10 minut.

4. Połowę upieczonej masy połączyć z owsianką. Zbierz owsiankę w dwóch miskach. Posyp każdą miskę pozostałą połową podpieczonej mieszanki i mielonym cynamonem. Natychmiast podawaj owsiankę.

Informacje żywieniowe:Kalorie 572 Tłuszcz: 19 g Białko: 28,6 g Sód: 87 mg Węglowodany ogółem: 81,5 g Błonnik pokarmowy: 10 g

Płatki owsiane z mango i kokosem

Porcje: 1

Składniki:

½ w. mleko kokosowe

Sól koszerna

1 w. staroświecka owsianka

1/3 w. posiekane świeże mango

2 łyżki stołowe. Niesłodzone płatki kokosowe

Wskazania:

1. Zagotuj mleko w średnim rondlu na dużym ogniu. Wymieszaj płatki owsiane i sól, a następnie zmniejsz ogień do niskiego. Dusić przez około 5 minut, aż płatki owsiane staną się kremowe i delikatne.

2. W międzyczasie praż płatki kokosowe przez około 2-3 minuty, aż uzyskają złoty kolor na małej, suchej patelni na małym ogniu.

3. Po zakończeniu posyp płatki owsiane płatkami mango i kokosa, podawaj i ciesz się smakiem.

Informacje żywieniowe:Kalorie: 428, Tłuszcz: 18 g, Węglowodany: 60 g, Białko: 10 g, Cukry: 26 g, Sód: 122 mg.

Porcje omletu z grzybami i szpinakiem

Porcje: 4

Czas gotowania: 30 minut

Składniki:

6 jaj

60ml mleka

3 łyżki (45 ml) masła

2 szklanki (500 ml) szpinaku baby

Sól i pieprz

1 szklanka startego sera Cheddar

1 cebula, pokrojona w cienkie plasterki

120 g pieczarek białych, pokrojonych w plasterki

Wskazania:

1. Rozgrzej piekarnik do 180°C, z rusztem w pozycji środkowej. Natłuścić kwadratową formę do pieczenia o średnicy 20 cm. Odłożyć na bok.

2. W dużej misce wymieszaj jajka z mlekiem za pomocą trzepaczki. Wymieszaj ser. Doprawić pieprzem i solą. Odłóż miskę na bok.

3. Cebulę, następnie grzyby podsmaż na maśle na średnim ogniu na dużej patelni z powłoką nieprzywierającą. Doprawić pieprzem i solą. Włóż szpinak i smaż około 1 minuty, ciągle mieszając.

4. Wlać mieszaninę grzybów do masy jajecznej. Wyjąć i przełożyć do naczynia do zapiekania. Piec omlet przez około 25 minut lub do momentu, aż będzie złocisty i lekko puszysty. Omlet pokroić na cztery kwadraty i zdjąć go z talerza za pomocą szpatułki. Ułóż je na talerzu i voilà, są gotowe do podania na ciepło lub na zimno.

Informacje żywieniowe:Kalorie 123 Węglowodany: 4 g Tłuszcz: 5 g Białko: 15 g

Jabłka cynamonowe gotowane na parze w powolnej kuchence

Porcje: 6

Czas gotowania: 4 godziny

Składniki:

8 jabłek (obranych i wydrążonych)

2 łyżeczki soku z cytryny

2 łyżeczki cynamonu

½ łyżeczki gałki muszkatołowej

¼ szklanki cukru kokosowego

Wskazania:

1. Umieść wszystkie produkty w powolnej kuchence.

2. Ustaw wolnowar na niski poziom na 3-4 godziny.

3. Gotuj, aż jabłka będą miękkie. Podawać.

Informacje żywieniowe: Kalorie 136 Tłuszcz całkowity: 0 g Węglowodany: 36 g Białko: 1 g Cukier: 26 g Błonnik 5 g Sód: 6 mg Cholesterol: 0 mg

Pełnoziarnisty chleb kukurydziany

Porcje: 8

Czas gotowania: 35 minut

Składniki:

Żółta cała mąka kukurydziana - 1 szklanka

Biała mąka pełnoziarnista -1 szklanka

Jajko - 1

Pasta daktylowa - 2 łyżki

Oliwa z oliwek z pierwszego tłoczenia - 0,33 szklanki

Sól morska - 1 łyżeczka

Proszek do pieczenia - 1 łyżka

Soda oczyszczona - 0,5 łyżeczki

Mleko migdałowe - 1 szklanka

Wskazania:

1. Rozgrzej piekarnik do 400 stopni Fahrenheita i przygotuj ośmiocalową okrągłą brytfannę lub żeliwną formę do pieczenia chleba. Obficie natłuść patelnię.

2. W naczyniu do pieczenia wymieszaj mąkę kukurydzianą, mąkę pełnoziarnistą, sól morską i środki spulchniające, aż dobrze się wymieszają.

3. W osobnym naczyniu do gotowania wymieszaj pozostałe składniki, aż zostaną dobrze wymieszane. Dodaj mieszaninę mąki, mieszając, aż dobrze się wymieszają.

4. Wlać ciasto kukurydziane do przygotowanej formy do pieczenia i wstawić do piekarnika, aż ciasto będzie złocistobrązowe i całkowicie zestalone pośrodku, czyli około dwudziestu pięciu minut. Wyjmij chleb kukurydziany z piekarnika i pozostaw go do ostygnięcia na pięć minut przed pokrojeniem.

Omlet pomidorowy

Porcje: 1

Czas gotowania: 8 minut

Składniki:

Jajka, dwa

Bazylia, świeża, 1/2 szklanki

Pomidorki koktajlowe, pół szklanki

Czarny pieprz, łyżeczka

Ser dowolny, ćwierć szklanki, starty

Sól, pół łyżeczki

Oliwa z oliwek, dwie łyżki

Wskazania:

1. Pokrój pomidory na ćwiartki. Smaż go na oliwie z oliwek przez trzy minuty. Odłóż pomidory na bok. Posolić i popieprzyć jajka w małej misce i dobrze ubić. Wlać ubitą masę jajeczną na patelnię i za pomocą szpatułki delikatnie wygładzić brzegi pod omletem, pozwalając jajom smażyć się przez trzy minuty. Gdy środkowa jedna trzecia masy jajecznej będzie jeszcze

płynna, dodaj bazylię, pomidory i ser. Złóż ponad połowę omletu na drugą połowę. Gotuj kolejne dwie minuty i podawaj.

Informacje żywieniowe:Kalorie 342 węglowodany 8 gramów białka 20 gramów tłuszczu 25,3 gramów

Płatki owsiane z brązowym cukrem i cynamonem

Porcje: 4

Składniki:

½ łyżeczki proszek cynamonowy

1 1/2 łyżeczki czysty ekstrakt z wanilli

¼ w. Jasnobrązowy cukier

2 w. mleko niskotłuszczowe

1 1/3 w. szybka owsianka

Wskazania:

1. Odmierz mleko i wanilię w średnim rondlu i zagotuj na średnim ogniu.

2. Po zagotowaniu zmniejsz ogień do średniego. Dodaj płatki owsiane, brązowy cukier i cynamon i gotuj, mieszając, od 2 do 3 minut.

3. Podawać natychmiast, w razie potrzeby posypując większą ilością cynamonu.

Informacje żywieniowe: Kalorie: 208, Tłuszcz: 3 g, Węglowodany: 38 g, Białko: 8 g, Cukry: 15 g, Sód: 105 mg

Owsianka z pieczonymi gruszkami

Porcje: 2

Czas gotowania: 30 minut

Składniki:

¼ łyżeczki soli

2 łyżki posiekanych orzechów pekan

1 łyżeczka czystego syropu klonowego

1 szklanka jogurtu greckiego 0% do podania

Gruszki

Owsianka

½ szklanki surowego amarantusa

1/2 szklanki wody

1 szklanka 2% mleka

1 łyżeczka syropu klonowego

1 duża gruszka

1/2 łyżeczki mielonego cynamonu

1/4 łyżeczki mielonego imbiru

1/8 łyżeczki mielonej gałki muszkatołowej

1/8 łyżeczki zmielonych goździków

Polewa pekan/gruszka

Wskazania:

1. Rozgrzej piekarnik do 400°C.

2. Odcedź amarantus i opłucz go. Połącz z wodą, szklanką mleka i solą, zagotuj amarantus i gotuj na wolnym ogniu.

Przykryj i gotuj na wolnym ogniu przez 25 minut, aż amarantus będzie miękki, ale trochę płynu pozostanie. Zdjąć z ognia i pozwolić, aby amarantus zgęstniał przez kolejne 5-10 minut. W razie potrzeby dodaj odrobinę więcej mleka, aby wygładzić konsystencję.

3. Wymieszaj części orzechów pekan z 1 łyżką syropu klonowego.

Piec przez 10 do 15 minut, aż orzechy pekan się upieką, a syrop klonowy wyschnie. Po zakończeniu orzeszki pekan mogą stać się stosunkowo pachnące. Po ostygnięciu orzechy pekan są chrupiące.

4. Pokrój gruszki wraz z orzechami pekan i wymieszaj z pozostałą 1 łyżeczką syropu klonowego i przyprawami. Piec 15 minut na patelni, aż gruszki będą miękkie.

5. Do owsianki dodać 3/4 pieczonych gruszek. Rozłóż jogurt pomiędzy dwie miski i połóż na nim owsiankę, prażone orzechy pekan i pozostałe kawałki gruszki.

Informacje żywieniowe:Kalorie 55 Węglowodany: 11 g Tłuszcz: 2 g Białko: 0 g

Naleśniki ze słodką śmietaną

Porcje: 2

Czas gotowania: 10 minut

Składniki:

2 jajka organiczne

1 łyżeczka stewii

Sól dla smaku

2 łyżki oleju kokosowego, roztopionego i podzielone

2 łyżki mąki kokosowej

½ szklanki śmietanki

Wskazania:

1. Wbij jajka do miski, dodaj po 1 łyżce oleju kokosowego, stewii i soli i ubijaj mikserem elektrycznym, aż składniki się dobrze wymieszają.

2. Powoli dodawaj mąkę kokosową, aż się połączy, a następnie ubijaj gęstą śmietanę, aż dobrze się połączy.

3. Weź patelnię, postaw ją na średnim ogniu, posmaruj olejem, a gdy będzie gorąca, wlej połowę mieszanki i smaż przez około 2

minut z każdej strony, aż naleśnik będzie ugotowany.

4. Przełóż naleśnik na talerz i usmaż kolejny naleśnik w ten sam sposób, używając pozostałego ciasta, a następnie podawaj.

5. Aby przygotować posiłek, zawiń każdy naleśnik z kremem w kawałek woskowanego papieru, następnie umieść je w plastikowej torbie, zamknij torebkę i przechowuj w zamrażarce na maksymalnie trzy dni.

6. Gdy naleśnik będzie gotowy do spożycia, podgrzej naleśnik przez 2 minuty w kuchence mikrofalowej, aż będzie gorący, a następnie podawaj.

Informacje żywieniowe:298, tłuszcz ogółem 27,1 g, węglowodany ogółem 8 g, białko 7 g, cukier 2,4 g, sód 70 mg

Placki owsiane

Porcje: 1

Czas gotowania: 10 minut

Składniki:

Jajko - 1

Płatki owsiane, mielone - 0,5 szklanki

Mleko migdałowe - 2 łyżki

Soda oczyszczona - 0,125 łyżeczki

Proszek do pieczenia - 0,125 łyżeczki

Ekstrakt waniliowy - 1 łyżeczka

Pasta daktylowa - 1 łyżeczka

Wskazania:

1. Podczas przygotowywania naleśników rozgrzej patelnię lub patelnię z powłoką nieprzywierającą na średnim ogniu.

2. Umieść płatki owsiane w blenderze lub robocie kuchennym i miksuj, aż uzyskasz drobną mąkę. Dodajemy je do miski, ucieramy z proszkiem do pieczenia i sodą oczyszczoną.

3. W drugiej misce kuchennej wymieszaj jajko z mlekiem migdałowym, pastą daktylową i ekstraktem waniliowym, aż składniki się dobrze połączą. Dodaj słodzoną mieszaninę jajek i mleka migdałowego do mieszanki płatków owsianych i wymieszaj, aż dobrze się wymieszają.

4. Natłuścić patelnię, a następnie wlać ciasto naleśnikowe, zostawiając niewielkie odstępy pomiędzy każdym naleśnikiem. Gotuj naleśniki przez około dwie do trzech minut, aż staną się złotobrązowe i musujące.

Ostrożnie przewróć naleśniki i smaż drugą stronę przez kilka minut, aż uzyskają złoty kolor.

5. Zdejmij naleśniki z ognia i podawaj z owocami, jogurtem, kompotem lub syropem o smaku klonowym z owoców mnicha Lakanto.

Pyszne płatki owsiane o zapachu klonu

Porcje: 4

Czas gotowania: 20 minut

Składniki:

Smak klonowy, jedna łyżeczka

Cynamon, łyżeczka

Nasiona słonecznika, trzy łyżki

Orzechy pekan, pół szklanki posiekanych

Płatki kokosowe, niesłodzone, 1/4 szklanki orzechów, 1/2 szklanki posiekanych

Mleko, migdały lub kokos, pół szklanki

Nasiona Chia, cztery łyżki

Wskazania:

1. Zmiksuj nasiona słonecznika, orzechy włoskie i pekan w robocie kuchennym, aby je pokruszyć. Możesz też po prostu umieścić orzechy w wytrzymałej plastikowej torbie, owinąć ją ręcznikiem, ustawić na stabilnej powierzchni i uderzać ręcznikiem młotkiem, aż orzechy się rozpadną.

Posiekane orzechy włoskie wymieszaj z resztą składników i przełóż do dużego garnka.

Gotuj tę mieszaninę na małym ogniu przez trzydzieści minut. Często mieszaj, aby masa nie przykleiła się do dna. Podawać udekorowane świeżymi owocami lub, według uznania, posypką cynamonu.

Informacje żywieniowe:Kalorie 374 Węglowodany 3,2 grama Białko 9,25 grama Tłuszcz 34,59 grama

Koktajl z truskawek i kiwi

Porcje: 1

Czas gotowania: 0 minut

Składniki:

Kiwi, obrane i posiekane, jedno

Truskawki świeże lub mrożone, pół szklanki posiekanego mleka, migdałów lub kokosa, jedna szklanka

Bazylia, mielona, jedna łyżeczka

Kurkuma, łyżeczka

Banan, pokrojony w kostkę, jeden

Proszek z nasion Chia, jedna czwarta szklanki

Wskazania:

1. Wypić natychmiast po dokładnym wymieszaniu wszystkich składników.

Informacje żywieniowe: Kalorie 250 cukru 9,9 grama tłuszczu 1 gram grama 34

węglowodany błonnikowe 4,3 grama

Owsianka lniana z cynamonem

Porcje: 4

Czas gotowania: 5 minut

Składniki:

1 łyżeczka cynamonu

1 i pół łyżeczki stewii

1 łyżka niesolonego masła

2 łyżki mąki lnianej

2 łyżki płatków owsianych z siemieniem lnianym

½ szklanki wiórków kokosowych

1 szklanka śmietany

2 szklanki wody

Wskazania:

1. Weź średni rondelek, postaw na małym ogniu, dodaj wszystkie składniki, mieszaj, aż się połączą i zagotuj.

2. Gdy mieszanina się zagotuje, zdejmij garnek z ognia, dobrze wymieszaj i rozdziel równomiernie pomiędzy cztery miski.

3. Odstaw owsiankę na 10 minut, aż lekko zgęstnieje, a następnie podawaj.

Informacje żywieniowe:Kalorie 171, całkowity tłuszcz 16 g, całkowita ilość węglowodanów 6 g, białko 2 g

Batony śniadaniowe z jagodami i słodkimi ziemniakami Wielkość porcji: 8

Czas gotowania: 40 minut

Składniki:

1 1/2 szklanki puree ze słodkich ziemniaków

2 łyżki roztopionego oleju kokosowego

2 łyżki syropu klonowego

2 jaja, hodowane na pastwisku

1 szklanka mąki migdałowej

1/3 szklanki mąki kokosowej

1 ½ łyżeczki sody oczyszczonej

1 szklanka świeżych jagód, wypestkowanych i posiekanych

¼ szklanki wody

Wskazania:

1. Rozgrzej piekarnik do 1500F.

2. Nasmaruj 9-calową formę do pieczenia olejem kokosowym. Odłożyć na bok.

3. W misce miksującej. Połączyć puree ze słodkich ziemniaków, wodę, olej kokosowy, syrop klonowy i jajka.

4. Do drugiej miski przesiej mąkę migdałową, kokosową i sodę oczyszczoną.

5. Stopniowo dodawaj suche składniki do mokrych składników. Za pomocą szpatułki złóż i wymieszaj wszystkie składniki.

6. Przelać do przygotowanej formy do pieczenia i posypać żurawiną.

7. Włóż do piekarnika i piecz przez 40 minut lub do momentu, aż wykałaczka wbita w środek będzie czysta.

8. Odstaw lub ostudź przed wyjęciem z formy.

Informacje żywieniowe:Kalorie 98 Tłuszcze ogółem 6 g Tłuszcze nasycone 1 g Węglowodany ogółem 9 g Węglowodany netto 8,5 g Białko 3 g Cukier: 7 g Błonnik: 0,5 g Sód: 113 mg Potas 274 mg

Pieczone płatki owsiane z przyprawą dyniową

Porcje: 6

Czas gotowania: 35 minut

Składniki:

Płatki owsiane - 1,5 szklanki

Mleko migdałowe, niesłodzone - 0,75 szklanki

Jajko - 1

Słodzik owocowy mnicha Lakanto - 0,5 szklanki

Puree z dyni - 1 szklanka

Ekstrakt waniliowy - 1 łyżeczka

Orzechy pekan, posiekane - 0,75 szklanki

Proszek do pieczenia - 1 łyżeczka

Sól morska - 0,5 łyżeczki

Przyprawa do ciasta dyniowego - 1,5 łyżeczki

Wskazania:

1. Rozgrzej piekarnik do 350 stopni Fahrenheita i natłuść blachę do pieczenia o wymiarach osiem na osiem.

2. W misce wymieszaj płatki owsiane, mleko migdałowe, jajka i pozostałe składniki, aż ciasto owsiane zostanie dokładnie wymieszane. Wlać mieszaninę płatków owsianych z przyprawami dyniowymi na natłuszczoną patelnię i umieścić ją na środku piekarnika.

3. Piec płatki owsiane, aż nabiorą złotego koloru i zastygną, około dwudziestu pięciu do trzydziestu minut. Wyjmij zapiekaną owsiankę z przyprawami dyniowymi z piekarnika i pozostaw ją do ostygnięcia na pięć minut przed podaniem. Ciesz się nim na gorąco, samodzielnie lub z ulubionymi owocami i jogurtem.

Jajecznica ze szpinakiem i pomidorem

Porcje: 1

Składniki:

1 łyżeczka. Oliwa z oliwek

1 łyżeczka. posiekana świeża bazylia

1 średni pomidor pokrojony w kostkę

¼ w. ser szwajcarski

2 jajka

½ łyżeczki pieprz cayenne

½ w. posiekany pakowany szpinak

Wskazania:

1. W małej misce dobrze wymieszaj jajka, bazylię, pieprz i ser szwajcarski.

2. Umieść średnią patelnię na średnim ogniu i rozgrzej olej.

3. Dodaj pomidora i smaż przez 3 minuty. Dodaj szpinak i smaż przez 2 minuty lub do momentu, aż zacznie więdnąć.

4. Wlać ubite jajka i mieszać przez 2 do 3 minut lub do momentu, aż masa będzie gotowa.

5. Baw się dobrze.

Informacje żywieniowe:Kalorie: 230, Tłuszcz: 14,3 g, Węglowodany: 8,4 g, Białko: 17,9

Tropikalne smoothie z marchwi, imbiru i kurkumy

Porcje: 1

Czas gotowania: 0 minut

Składniki:

1 czerwona pomarańcza, obrana i pozbawiona nasion

1 duża marchewka, obrana i posiekana

½ szklanki mrożonych kawałków mango

2/3 szklanki wody kokosowej

1 łyżka surowych nasion konopi

¾ łyżeczki startego imbiru

1 ½ łyżeczki obranej i startej kurkumy

Szczypta pieprzu cayenne

Szczypta soli

Wskazania:

1. Wszystkie składniki umieścić w blenderze i zmiksować na gładką masę.

2. Przed podaniem pozostaw do ostygnięcia.

Informacje żywieniowe:Kalorie 259 Tłuszcze ogółem 6 g Tłuszcze nasycone 0,9 g Węglowodany ogółem 51 g Węglowodany netto 40 g Białko 7 g Cukier: 34 g Błonnik: 11 g Sód: 225 mg Potas 1319 mg

Tosty Francuskie z Cynamonem i Wanilią

Porcje: 4

Składniki:

½ łyżeczki cynamon

3 duże jajka

1 łyżeczka. wanilia

8 kromek chleba razowego

2 łyżki stołowe. Mleko niskotłuszczowe

Wskazania:

1. Najpierw rozgrzej patelnię do 1500F.

2. Połącz wanilię, jajka, mleko i cynamon w małej misce i wymieszaj, aż masa będzie gładka.

3. Przelać do naczynia o płaskim dnie lub naczynia do zapiekania.

4. Zanurz chleb w mieszance jajecznej, obróć, aby pokrył się z obu stron i połóż na gorącej płycie.

5. Smaż około 2 minuty lub do momentu, aż spód lekko się zarumieni, następnie przewróć i smaż również drugą stronę.

Informacje żywieniowe:Kalorie: 281,0, Tłuszcz: 10,8 g, Węglowodany: 37,2 g, Białko: 14,5 g, Cukry: 10 g, Sód: 390 mg.

Pyszny indyk

Porcje: 4

Czas gotowania: 15 minut

Składniki:

1 funt mielonego indyka

½ łyżeczki suszonego tymianku

1 łyżka roztopionego oleju kokosowego

½ łyżeczki mielonego cynamonu

Dla skrótu:

1 żółta cebula, posiekana

1 łyżka roztopionego oleju kokosowego

1 cukinia, posiekana

½ szklanki startej marchewki

2 szklanki dyni piżmowej, pokrojonej w kostkę

1 jabłko, wydrążone, obrane i pokrojone w kostkę

2 szklanki szpinaku baby

1 łyżeczka mielonego imbiru

1 łyżeczka cynamonu w proszku

½ łyżeczki czosnku w proszku

½ łyżeczki kurkumy w proszku

½ łyżeczki suszonego tymianku

Wskazania:

1. Rozgrzej patelnię z 1 łyżką oleju kokosowego na średnim ogniu. Dodać indyka, 1/2 łyżeczki tymianku i 1/2 łyżeczki mielonego cynamonu. Wymieszaj i gotuj przez 5 minut, a następnie przełóż do miski. Rozgrzej ponownie patelnię z 1 łyżką oleju kokosowego na średnim ogniu. Dodać cebulę, wymieszać i smażyć 2 minuty. Dodać cukinię, marchewkę, dynię, jabłko, imbir, 1 łyżeczkę cynamonu, ½ łyżeczka tymianku, kurkumy i czosnku w proszku. Mieszaj i gotuj przez 3-4 minuty. Włóż mięso z powrotem na patelnię, dodaj także młody szpinak. Wymieszaj i smaż przez kolejne 1-2 minuty, następnie rozłóż na talerze i podawaj na śniadanie.

2. Baw się dobrze!

<u>Informacje żywieniowe:</u>kalorie 212, tłuszcze 4, błonnik 6, węglowodany 8, białko 7

Spaghetti z serem, bazylią i pesto

Porcje: 2

Czas gotowania: 35 minut

Składniki:

1 szklanka ugotowanej dyni spaghetti, odsączonej

Sól i świeżo mielony czarny pieprz do smaku ½ łyżki oliwy z oliwek

¼ szklanki twarogu, niesłodzonego

2 uncje świeżej mozzarelli, pokrojonej w kostkę

1/8 szklanki pesto bazyliowego

Wskazania:

1. Włącz piekarnik, ustaw temperaturę na 100°C i poczekaj, aż się rozgrzeje.

2. W międzyczasie weź średnią miskę, dodaj spaghetti i dopraw solą i czarnym pieprzem.

3. Weź naczynie do pieczenia, posmaruj je olejem, dodaj masę dyniową, udekoruj ricottą i mozzarellą i piecz przez 10

minut, aż będzie ugotowane.

4. Po upieczeniu wyjąć naczynie z piekarnika, posypać pesto i od razu podawać.

Informacje żywieniowe:Kalorie 169, całkowity tłuszcz 11,3 g, całkowita ilość węglowodanów 6,2 g, białko 11,9 g, cukier 0,1 g, sód 217 mg

Koktajl pomarańczowo-brzoskwiniowy

Porcje: 2

Składniki:

2 w. posiekane brzoskwinie

2 łyżki stołowe. Niesłodzony jogurt

Sok z 2 pomarańczy

Wskazania:

1. Zacznij od usunięcia nasion i skórki z brzoskwiń. Pokrój i zostaw kilka kawałków brzoskwiń do dekoracji.

2. Do blendera włóż posiekaną brzoskwinię, sok pomarańczowy i jogurt i zmiksuj na gładką masę.

3. Jeśli chcesz, możesz dodać wodę, aby rozrzedzić smoothie.

4. Rozlej do szklanych szklanek i ciesz się smakiem!

Informacje żywieniowe:Kalorie: 170, Tłuszcz: 4,5 g, Węglowodany: 28 g, Białko: 7 g, Cukry: 23 g, Sód: 101 mg

Babeczki Bananowo-Migdałowe

Porcje: 6

Czas gotowania: 30 minut

Składniki:

Płatki owsiane - 1 szklanka

Sól morska - 0,25 łyżeczki

Cynamon, mielony - 0,5 łyżeczki

Proszek do pieczenia - 1 łyżeczka

Masło migdałowe - 0,75 szklanki

Banan, puree - 1 szklanka

Mleko migdałowe, niesłodzone - 0,5 łyżki

Ekstrakt waniliowy - 2 łyżeczki

Jajka - 2

Słodzik owocowy Lakanto Monk - 0,25 szklanki

Wskazania:

1. Rozgrzej piekarnik do 350 stopni Fahrenheita i wyłóż formę do muffinów papierowymi papilotkami lub natłuść ją, jeśli wolisz.

2. W misce kuchennej wymieszaj puree bananowe z masłem migdałowym, niesłodzonym mlekiem migdałowym, jajkami, ekstraktem waniliowym i słodzikiem z owoców mnicha. W osobnym naczyniu do pieczenia wymieszaj płatki owsiane, przyprawy i proszek do pieczenia. Gdy mieszanina mąki zostanie całkowicie połączona, wlej ją do miski z puree bananowym i wymieszaj zarówno mieszankę masła migdałowego/banana, jak i mieszaninę płatków owsianych, aż dobrze się wymieszają.

3. Podzielić ciasto na muffiny pomiędzy dwanaście arkuszy, wypełniając każdą wnękę muffinową w około trzech czwartych. Umieść formę do muffinów z masłem migdałowym i bananami na środku gorącego piekarnika i poczekaj, aż ciasto się zetnie i będzie ugotowane. Wykonuje się je po nakłuciu wykałaczki w środku i czystym usunięciu.

Powinno to zająć od dwudziestu do dwudziestu pięciu minut.

4. Przed podaniem poczekaj, aż muffinki z masłem bananowo-migdałowym ostygną i możesz się nimi delektować.

Angielska ricotta

Porcje: 1

Czas gotowania: 0 minut;

Składniki:

6 łyżek organicznej ricotty

3 łyżki nasion lnu

3 łyżki oleju lnianego

2 łyżki organicznego surowego masła migdałowego

1 łyżka organicznego miąższu kokosa

1 łyżka surowego miodu

¼ szklanki wody

Wskazania:

1. Połącz wszystkie składniki w misce. Mieszaj, aż dobrze się połączą.

2. Przełożyć do miski i schłodzić przed podaniem.

Informacje żywieniowe:Kalorie 632 Tłuszcze ogółem 49 g Tłuszcze nasycone 5 g Węglowodany ogółem 32 g Węglowodany netto 26 g Białko 23 g Cukier: 22 g Błonnik: 6 g Sód: 265 mg Potas 533 mg

Koktajl przeciwzapalny ze szpinakiem i wiśnią

Porcje: 1

Czas gotowania: 0 minut

Składniki:

1 szklanka kefiru zwykłego

1 szklanka mrożonych wiśni bez pestek

½ szklanki liści szpinaku baby

¼ szklanki puree z dojrzałego awokado

1 łyżka masła migdałowego

1 kawałek obranego imbiru (1/2 cala)

1 łyżeczka nasion chia

Wskazania:

1. Umieść wszystkie składniki w blenderze.

2. Zmiksuj na gładką masę.

3. Przed podaniem pozostawić do ostygnięcia w lodówce.

Informacje żywieniowe: Kalorie 410 Tłuszcz ogółem 20 g Tłuszcze nasycone 4 g Węglowodany ogółem 47 g Węglowodany netto 37 g Białko 17 g Cukier: 33 g Błonnik: 10 g Sód: 169 mg Potas 1163 mg

Shakshuka pikantna

Porcje: 4

Czas gotowania: 37 minut

Składniki:

2 łyżki oliwy z oliwek z pierwszego tłoczenia

1 cebula, posiekana

1 jalapeño, pozbawione pestek i posiekane

2 ząbki czosnku, posiekane

1 funt szpinaku

Sól i świeżo zmielony czarny pieprz

¾ łyżeczki kolendry

1 łyżeczka suszonego kminku

2 łyżki pasty harissa

½ szklanki bulionu warzywnego

8 sztuk dużych jaj

Płatki czerwonej papryki, do podania

Kolendra, posiekana do podania

Posiekana natka pietruszki do podania

Wskazania:

1. Rozgrzej piekarnik do 150°F.

2. Rozgrzej olej na patelni nadającej się do pieczenia w piekarniku na średnim ogniu. Dodajemy cebulę i smażymy przez 5 minut.

3. Dodaj jalapeño i czosnek i smaż przez minutę lub do momentu, aż zaczną wydzielać zapach. Dodaj szpinak i gotuj przez 5 minut lub do momentu, aż liście całkowicie zwiędną.

4. Doprawić mieszaninę solą i pieprzem, kolendrą, kminkiem i harissą. Gotuj dalej przez 1 minutę.

5. Przenieś mieszaninę do robota kuchennego: puree, aż będzie gęste. Wlać bulion i dalej miksować, aż masa będzie gładka.

6. Wyczyść i nasmaruj tę samą patelnię nieprzywierającym sprayem do gotowania.

Wlać zmiksowaną mieszaninę. Za pomocą drewnianej łyżki uformuj osiem okrągłych dołków.

7. Delikatnie wbij każde jajko do dołków. Włóż blachę do piekarnika –

Gotuj przez 25 minut lub jajka w koszulce, aż całkowicie się zetną.

8. Przed podaniem posyp szakshukę płatkami czerwonej papryki, kolendrą i pietruszką do smaku.

Informacje żywieniowe:Kalorie 251 Tłuszcz: 8,3 g Białko: 12,5 g Sód: 165 mg Węglowodany ogółem: 33,6 g

Złote Mleko przez 5 minut

Porcje: 1

Czas gotowania: 5 minut

Składniki:

1 1/2 szklanki jasnego mleka kokosowego

1 1/2 szklanki niesłodzonego mleka migdałowego

1 1/2 łyżeczki mielonej kurkumy

1/4 łyżeczki mielonego imbiru

1 cała laska cynamonu

1 łyżka oleju kokosowego

1 szczypta mielonego czarnego pieprzu

Słodzik do wyboru (tj. cukier kokosowy, syrop klonowy lub stewia do smaku)

Wskazania:

1. Do małego rondla dodaj mleko kokosowe, mieloną kurkumę, mleko migdałowe, mielony imbir, laskę cynamonu, olej kokosowy, czarny pieprz i ulubiony słodzik.

2. Mieszaj na średnim ogniu i ponownie podgrzej. Podgrzewaj w dotyku, aż będzie gorący, ale nie wrzący – około 4 minut – regularnie mieszając.

3. Wyłącz ogrzewanie i spróbuj, aby zmienić smak. Do mocnych przypraw + do smaku, dodaj więcej słodzika do smaku lub więcej kurkumy lub imbiru.

4. Podawać natychmiast, przełamać dwie szklanki i zostawić laskę cynamonu. Lepiej świeże, chociaż resztki można przechowywać 2-3 dni w lodówce. Podgrzej do odpowiedniej temperatury na kuchence lub w kuchence mikrofalowej.

Informacje żywieniowe:Kalorie 205 Tłuszcz: 19,5 g Sód: 161 mg Węglowodany: 8,9 g Błonnik: 1,1 g Białko: 3,2 g

Prosta owsianka na śniadanie

Porcje: 1

Czas gotowania: 8 minut

Składniki:

2/3 szklanki mleka kokosowego

1 białko z jajka, hodowane na pastwisku

½ szklanki bezglutenowych, szybko gotujących się płatków owsianych

½ łyżeczki kurkumy w proszku

½ łyżeczki cynamonu

¼ łyżeczki imbiru

Wskazania:

1. Do rondla wlać mleko niemleczne i podgrzać na średnim ogniu.

2. Dodaj białko i kontynuuj ubijanie, aż masa stanie się gładka.

3. Dodać resztę składników i smażyć kolejne 3 minuty.

Informacje żywieniowe:Kalorie 395 Tłuszcze ogółem 34 g Tłuszcze nasycone 7 g Węglowodany ogółem 19 g Węglowodany netto 16 g Białko 10 g Cukier: 2 g Błonnik: 3 g Sód: 76 mg Potas 459 mg

Pączki białkowe z kurkumą

Porcje: 8

Czas gotowania: 0 minut

Składniki:

1 1/2 szklanki surowych orzechów nerkowca

½ szklanki daktyli Medjool, bez pestek

1 łyżka odżywki białkowej waniliowej

½ szklanki wiórków kokosowych

2 łyżki syropu klonowego

¼ łyżeczki ekstraktu waniliowego

1 łyżeczka kurkumy w proszku

¼ szklanki ciemnej czekolady

Wskazania:

1. Połącz wszystkie składniki oprócz czekolady w robocie kuchennym.

2. Zmiksuj na gładką masę.

3. Z ciasta uformuj 8 kulek i wciśnij je do silikonowej formy na pączki.

4. Włóż do zamrażarki na 30 minut, aby stwardniało.

5. W międzyczasie przygotuj polewę czekoladową, rozpuszczając czekoladę w bemarze.

6. Gdy pączki stwardnieją, wyjmij je z formy i posyp czekoladą.

Informacje żywieniowe:Kalorie 320 Tłuszcze ogółem 26 g Tłuszcze nasycone 5 g Węglowodany ogółem 20 g Węglowodany netto 18 g Białko 7 g Cukier: 9 g Błonnik: 2 g Sód: 163 mg potasu 297 mg

Cheddar Jarmuż Frittata

Porcje: 6

Składniki:

1/3 w. pokrojona szalotka

¼ łyżeczki Pieprz

1 pokrojona w kostkę czerwona papryka

¾ w. chude mleko

1 w. posiekany, ostry, niskotłuszczowy ser cheddar

1 łyżeczka. Oliwa z oliwek

5 uncji jarmuż i szpinak

12 jaj

Wskazania:

1. Rozgrzej piekarnik do 100°C.

2. Nasmaruj szklane naczynie do pieczenia oliwą z oliwek.

3. W misce dobrze wymieszaj wszystkie składniki oprócz sera.

4. Wlać masę jajeczną do przygotowanego naczynia i gotować przez 35 minut.

5. Wyjąć z piekarnika, posypać serem i podpiekać przez 5 minuty.

6. Wyjmij z piekarnika i odstaw na 10 minut.

7. Tnij i ciesz się.

Informacje żywieniowe:Kalorie: 198, Tłuszcz: 11,0 g, Węglowodany: 5,7 g, Białko: 18,7

g, Cukry: 1 g, Sód: 209 mg.

Omlet śródziemnomorski

Porcje: 6

Czas gotowania: 20 minut

Składniki:

Jajka, jesteś

Feta, pokruszona, jedna czwarta szklanki

Czarny pieprz, ćwierć łyżeczki

Olej, spray lub oliwka

Oregano, łyżeczka

Mleko, migdały lub kokos, ćwierć szklanki

Sól morska, łyżeczka

Czarne oliwki, posiekane, jedna czwarta szklanki

Zielone oliwki, posiekane, jedna czwarta szklanki

Pomidory pokrojone w kostkę, jedna czwarta szklanki

Wskazania:

1. Rozgrzej piekarnik do 400 stopni. Natłuść formę do pieczenia o wymiarach osiem na osiem cali.

Mleko wymieszać z jajkami, następnie dodać pozostałe składniki. Wlać całą tę mieszaninę na patelnię i piec przez dwadzieścia minut.

Informacje żywieniowe:Kalorie 107 cukrów 2 gramy tłuszczu 7 gramów węglowodanów 3

gramy białka 7 gramów

Kasza Gryczana Cynamon Imbir Porcje: 5

Czas gotowania: 40 minut

Składniki:

¼ szklanki nasion chia

½ szklanki płatków kokosowych

1 1/2 szklanki mieszanych surowych orzechów włoskich

2 szklanki bezglutenowych płatków owsianych

1 szklanka kaszy gryczanej

2 łyżki masła orzechowego

4 łyżki oleju kokosowego

1 szklanka nasion słonecznika

½ szklanki pestek dyni

1 1/2 - 2 cale imbiru

1 łyżeczka cynamonu w proszku

1/3 szklanki syropu ze słodu ryżowego

4 łyżki surowego kakao w proszku – opcjonalnie

Wskazania:

1. Rozgrzej piekarnik do 180°C

2. Zmiksuj orzechy włoskie w robocie kuchennym i szybko zmiksuj na grubsze posiekanie. Umieść posiekane orzechy w misce i dodaj wszystkie pozostałe suche składniki, dobrze mieszając: płatki owsiane, kokos, cynamon, kaszę gryczaną, nasiona i sól w rondlu na małym ogniu, delikatnie rozpuść olej kokosowy.

3. Do mokrej mieszanki dodać kakao (jeśli używasz) i wymieszać. Wlać mokre ciasto na suchą mieszankę, a następnie dobrze wymieszać, aby upewnić się, że wszystko jest nią pokryte. Przenieś mieszaninę na dużą blachę do pieczenia wyłożoną natłuszczonym papierem woskowanym lub olejem kokosowym. Pamiętaj, aby równomiernie rozprowadzić mieszaninę przez 35 do 40 minut, obracając ją w połowie czasu. Piecz, aż granola będzie chrupiąca i złocistobrązowa!

4. Podawaj z ulubionym mlekiem orzechowym, łyżką jogurtu kokosowego, świeżymi owocami i superfoods: jagodami goji, siemieniem lnianym, pyłkiem pszczelim, na co masz ochotę! Mieszaj to każdego dnia.

<u>Informacje żywieniowe:</u>Kalorie 220 Węglowodany: 38 g Tłuszcz: 5 g Białko: 7 g

Naleśniki z kolendrą

Porcje: 6

Czas gotowania: 6-8 minut

Składniki:

½ szklanki mąki z tapioki

½ szklanki mąki migdałowej

½ łyżeczki chili w proszku

¼ łyżeczki mielonej kurkumy

Sól i świeżo zmielony czarny pieprz do smaku 1 szklanka pełnotłustego mleka kokosowego

½ posiekanej czerwonej cebuli

1 kawałek (½ cala) świeżego imbiru, drobno startego 1 papryczka serrano, posiekana

½ szklanki posiekanej świeżej kolendry

Olej jest wymagany

Wskazania:

1. W dużej misce wymieszaj mąki i przyprawy.

2. Dodaj mleko kokosowe i mieszaj, aż masa będzie gładka.

3. Wymieszaj cebulę, imbir, paprykę serrano i kolendrę.

4. Lekko nasmaruj dużą patelnię z powłoką nieprzywierającą olejem i podgrzej na średnim ogniu.

5. Dodaj około ¼ szklanki mieszanki i przechyl patelnię, aby równomiernie rozprowadzić ją na patelni.

6. Smaż z obu stron około 3-4 minuty.

7. Powtórz z całą pozostałą mieszaniną.

8. Podawać z wybraną polewą.

Informacje żywieniowe:Kalorie: 331, Tłuszcz: 10 g, Węglowodany: 37 g, Błonnik: 6 g, Białko: 28 g

Koktajl grejpfrutowo-malinowy Porcje: 1

Czas gotowania: 0 minut

Składniki:

Sok z 1 grejpfruta, świeżo wyciśnięty

1 banan, obrany i pokrojony w plasterki

1 szklanka malin

Wskazania:

1. Wszystkie składniki umieścić w blenderze i zmiksować na gładką masę.

2. Przed podaniem pozostaw do ostygnięcia.

Informacje żywieniowe:Kalorie 381 Tłuszcze ogółem 0,8 g Tłuszcze nasycone 0,1 g Węglowodany ogółem 96 g Węglowodany netto 85 g Białko 4 g Cukier: 61 g Błonnik: 11 g Sód: 11 mg Potas 848 mg

Porcje granoli z masłem orzechowym

Porcje: 8

Czas gotowania: 25 minut

Składniki:

Płatki owsiane - 2 szklanki

Cynamon - 0,5 łyżeczki

Masło orzechowe naturalne z solą - 0,5 szklanki

Pasta daktylowa - 1,5 łyżki

Kawałki ciemnej czekolady Lily's - 0,5 szklanki

Wskazania:

1. Rozgrzej piekarnik do 300 stopni Fahrenheita i wyłóż blachę do pieczenia pergaminem lub silikonową matą do gotowania.

2. W misce wymieszaj pastę daktylową, cynamon i masło orzechowe, a następnie dodaj płatki owsiane i mieszaj, aż płatki owsiane całkowicie się nimi pokryją. Rozłóż tę słodką i przyprawioną mieszankę równomiernie na blasze do pieczenia cienką warstwą.

3. Włóż granolę z masłem orzechowym do piekarnika i piecz przez dwadzieścia minut, dobrze mieszając w połowie pieczenia, aby uniknąć nierównego gotowania i przypalenia.

4. Wyjmij granolę z piekarnika i poczekaj, aż ostygnie do temperatury pokojowej, zanim dodasz kawałki czekolady. Przenieś granolę z masłem orzechowym do hermetycznego pojemnika i przechowuj ją do momentu użycia.

Jajecznica zapiekana z kurkumą Porcje: 6

Czas gotowania: 15 minut

Składniki:

8 do 10 dużych jaj wypasanych na pastwisku

½ szklanki niesłodzonego mleka migdałowego lub kokosowego

½ łyżeczki kurkumy w proszku

1 łyżeczka posiekanej kolendry

¼ łyżeczki czarnego pieprzu

Szczypta soli

Wskazania:

1. Rozgrzej piekarnik do 1500F.

2. Natłuścić rondel lub naczynie żaroodporne.

3. W misce wymieszaj jajko, mleko, kurkumę w proszku, czarny pieprz i sól.

4. Wlać mieszaninę jajek na patelnię.

5. Włóż do piekarnika i piecz przez 15 minut lub do momentu, aż jajka się zetną.

6. Wyjmij z piekarnika i udekoruj posiekaną kolendrą.

Informacje żywieniowe: Kalorie 203 Tłuszcze ogółem 16 g Tłuszcze nasycone 4 g Węglowodany ogółem 5 g Węglowodany netto 4 g Białko 10 g Cukier: 4 g Błonnik: 1 g Sód: 303 mg Potas 321 mg

Wielkość porcji otrębów chia i płatków owsianych na śniadanie: Wielkość porcji: 2

Składniki:

85 g posiekanych prażonych migdałów

340 g mleka kokosowego

30 g brązowego cukru

2½ g skórki pomarańczowej

30 g mieszanki siemienia lnianego

170 g płatków owsianych

340 g borówek

30 g nasion chia

2½ g cynamonu

Wskazania:

1. Dodać wszystkie mokre składniki, wymieszać cukier, mleko i skórkę pomarańczową.

2. Dodaj cynamon i dobrze wymieszaj. Kiedy już będziesz mieć pewność, że cukier nie jest grudkowy, dodaj płatki owsiane, siemię lniane i chia i odstaw na minutę.

3. Weź dwie szklane miski lub słoiki i wlej do nich mieszaninę. Całość posyp prażonymi migdałami i przechowuj w lodówce.

4. Wyjmij go rano i zakop w sobie!

Informacje żywieniowe:Kalorie: 353, Tłuszcz: 8 g, Węglowodany: 55 g, Białko: 15 g, Cukry: 9,9 g, Sód: 96 mg

Muffinki z rabarbarem, jabłkiem i imbirem

Porcje: 8

Czas gotowania: 30 minut

Składniki:

1/2 łyżeczki mielonego cynamonu

1/2 łyżeczki mielonego imbiru

szczypta soli

1/2 szklanki mąki migdałowej (mielone migdały)

1/4 szklanki nierafinowanego cukru surowego

2 łyżki drobno posiekanego krystalizowanego imbiru

1 łyżka mielonej mąki lnianej

1/2 szklanki mąki gryczanej

1/4 szklanki drobnej mąki z brązowego ryżu

60 ml oliwy z oliwek

1 duże jajko z wolnego wybiegu

1 łyżeczka ekstraktu waniliowego

2 łyżki organicznej mąki kukurydzianej lub prawdziwej maranty 2 łyżeczki bezglutenowego proszku do pieczenia

1 szklanka drobno pokrojonego rabarbaru

1 małe jabłko, obrane i pokrojone w kostkę

95 ml (1/3 szklanki + 1 łyżka stołowa) mleka ryżowego lub migdałowego**Wskazania:**

1. Rozgrzej piekarnik do 180°C / 350°C. Posmaruj masłem lub wyłóż 8 foremek na muffinki o pojemności 1/3 szklanki (80 ml) z papierową pokrywką.

2. W średniej misce wymieszaj mąkę migdałową, imbir, cukier i nasiona lnu. Przesiać proszek do pieczenia, mąkę i przyprawy, a następnie równomiernie wymieszać. W mieszance mącznej wymieszaj rabarbar i jabłko, aby je pokryć.

3. Ubij mleko, cukier, jajko i wanilię w innej mniejszej misce, a następnie wlej je do suchej mieszanki i mieszaj, aż dobrze się wymieszają.

4. Rozłóż ciasto równomiernie pomiędzy blachy do pieczenia/pojemniki papierowe i piecz przez 20–25 minut lub do momentu, aż ciasto będzie lekko wyjęte i zarumienione na brzegach.

5. Wyjmij, odstaw na 5 minut, a następnie przenieś na metalową kratkę do dalszego ostygnięcia.

6. Jedz na gorąco lub w temperaturze pokojowej.

Informacje żywieniowe:Kalorie 38 Węglowodany: 9 g Tłuszcz: 0 g Białko: 0 g

Płatki zbożowe i owoce na śniadanie

Porcje: 6

Składniki:

1 w. rodzynki

¾ w. szybko gotujący się brązowy ryż

1 jabłko Babci Smith

1 pomarańcza

8 uncji niskotłuszczowy jogurt waniliowy

3 w. wodospad

¾ w. bulgur

1 pyszne czerwone jabłko

Wskazania:

1. Na dużym ogniu postaw duży rondel i zagotuj wodę.

2. Dodaj bulgur i ryż. Zmniejsz ogień do wrzenia i gotuj pod przykryciem przez dziesięć minut.

3. Wyłącz ogień, odstaw na 2 minuty pod przykryciem.

4. Na brytfannie przełożyć i równomiernie rozprowadzić ziarna, aby ostygły.

5. W międzyczasie obierz pomarańcze i pokrój je w ósemki. Jabłka pokroić i wydrążyć gniazda nasienne.

6. Gdy płatki ostygną, przełóż je do dużej miski razem z owocami.

7. Dodaj jogurt i dobrze wymieszaj, aby pokryć się warstwą.

8. Podawaj i ciesz się.

<u>Informacje żywieniowe:</u>Kalorie: 121, Tłuszcz: 1 g, Węglowodany: 24,2 g, Białko: 3,8 g, Cukry: 4,2 g, Sód: 500 mg

Bruschetta z pomidorami i bazylią

Porcje: 8

Składniki:

½ w. posiekana bazylia

2 posiekane ząbki czosnku

1 łyżka stołowa. ocet balsamiczny

2 łyżki stołowe. Oliwa z oliwek

½ łyżeczki mielony czarny pieprz

1 pokrojona bagietka pełnoziarnista

8 pokrojonych w kostkę dojrzałych pomidorów romskich

1 łyżeczka. sól morska

Wskazania:

1. Najpierw rozgrzej piekarnik do 100°C.

2. W misce pokroić pomidory w kostkę, wymieszać ocet balsamiczny, posiekaną bazylię, czosnek, sól, pieprz i oliwę z oliwek, odstawić.

3. Bagietkę pokroić na 16-18 plasterków i ułożyć na blasze do pieczenia, piec około 10 minut.

4. Podawaj z kromkami ciepłego chleba i ciesz się smakiem.

5. Resztki przechowywać w szczelnym pojemniku i przechowywać w lodówce.

Spróbuj położyć je na grillowanym kurczaku, jest niesamowite!

Informacje żywieniowe:Kalorie: 57, Tłuszcz: 2,5 g, Węglowodany: 7,9 g, Białko: 1,4 g, Cukry: 0,2 g, Sód: 261 mg

Naleśniki Cynamonowo-Kokosowe

Porcje: 2

Czas gotowania: 18 minut

Składniki:

2 jajka organiczne

1 łyżka mąki migdałowej

2 uncje serka śmietankowego

¼ szklanki wiórków kokosowych plus więcej do dekoracji ½ łyżki erytrytolu

1/8 łyżeczki soli

1 łyżeczka cynamonu

4 łyżki stewii

½ łyżki oliwy z oliwek

Wskazania:

1. Jajka wbić do miski, ubić na miękkość, a następnie ubić z mąką i serkiem śmietankowym na gładką masę.

2. Dodaj pozostałe składniki i mieszaj aż do dokładnego połączenia.

3. Weź patelnię, rozgrzej ją na średnim ogniu, posmaruj olejem, następnie wlej połowę ciasta i smaż po 3-4 minuty z każdej strony, aż naleśnik będzie ugotowany i złocisty.

4. Naleśnik przełożyć na talerz i z pozostałego ciasta usmażyć w ten sam sposób kolejny naleśnik.

5. Usmażone naleśniki posypać wiórkami kokosowymi i podawać.

Informacje żywieniowe:Kalorie 575, całkowity tłuszcz 51 g, całkowita ilość węglowodanów 3,5 g, białko 19 g

Orzech laskowy Żurawina Banan Płatki owsiane: Porcje: 6

Czas gotowania: 2 godziny

Składniki:

1/4 szklanki migdałów (prażonych)

1/4 szklanki orzechów włoskich

1/4 szklanki orzechów pekan

2 łyżki zmielonego siemienia lnianego

1 łyżeczka mielonego imbiru

1 łyżeczka cynamonu

1/4 łyżeczki soli morskiej

2 łyżki cukru kokosowego

½ łyżeczki proszku do pieczenia

2 szklanki mleka

2 banany

1 szklanka świeżych jagód

1 łyżka syropu klonowego

1 łyżeczka ekstraktu waniliowego

1 łyżka roztopionego masła

Jogurt do podania

Wskazania:

1. Do dużej miski dodać orzechy włoskie, siemię lniane, proszek do pieczenia, przyprawy i cukier kokosowy, wymieszać.

2. W drugiej misce wymieszaj jajka, mleko, syrop klonowy i ekstrakt waniliowy.

3. Przekrój banany na połówki i ułóż je w powolnej kuchence razem z jagodami.

4. Dodać mieszankę owsianą i zalać mieszanką mleczną.

5. Skropić roztopionym masłem,

6. Gotuj w wolnowarze na małym ogniu przez 4 godziny lub na dużym ogniu przez 4 godziny. Gotuj, aż płyn zostanie wchłonięty, a płatki owsiane staną się złotobrązowe.

7. Podawać na gorąco z naturalnym jogurtem greckim.

Informacje żywieniowe: Kalorie 346 mg Tłuszcz całkowity: 15 g

Węglowodany: 45 g Białko: 11 g Cukry: 17 g Błonnik 7 g Sód: 145 mg

Cholesterol: 39 mg

Tosty z jajkiem w koszulce i łososiem

Porcje: 2

Czas gotowania: 4 minuty

Składniki:

Chleb pełnoziarnisty, dwie kromki żytniego lub prażonego soku z cytryny, jedna czwarta łyżeczki

Awokado, dwie łyżki puree ziemniaczanego

Czarny pieprz, ćwierć łyżeczki

Jajka, dwa w koszulce

Łosoś wędzony, cztery uncje

Szalotka, łyżka pokrojona w cienkie plasterki

Sól, ósma łyżeczka

Wskazania:

1. Do awokado dodaj sok z cytryny, pieprz i sól. Rozłóż zmieszane awokado na podpieczonych kromkach chleba. Na grzance połóż wędzonego łososia i udekoruj jajkiem w koszulce. Posyp pokrojoną szalotką.

Informacje żywieniowe:Kalorie 389 tłuszczu 17,2 grama białka 33,5 grama węglowodanów 31,5 grama cukru 1,3 grama błonnika 9,3 grama

Budyń z nasionami chia i cynamonem

Porcje: 2

Czas gotowania: 0 minut

Składniki:

Nasiona Chia, cztery łyżki

Masło migdałowe, jedna łyżka

Mleko kokosowe, trzy czwarte szklanki

Cynamon, łyżeczka

Wanilia, łyżeczka

Kawa mrożona, trzy czwarte filiżanki

Wskazania:

1. Dokładnie połącz wszystkie elementy złączne i wlej do pojemnika przeznaczonego do przechowywania w lodówce. Szczelnie zakręcić i pozostawić w lodówce na noc.

Informacje żywieniowe:Kalorie 282 węglowodany 5 gramów białka 5,9 gramów tłuszczu 24 gramy

Jajka i Ser

Porcje: 1

Składniki:

¼ w. Pokrojony pomidor

1 białko jaja

1 posiekana zielona cebula

2 łyżki stołowe. Chude mleko

1 kromka pełnoziarnistego chleba

1 jajko

½ uncji rozdrobniony ser cheddar o obniżonej zawartości tłuszczu

Wskazania:

1. Wymieszaj jajko i białka w misce i dodaj mleko.

2. Mieszaj mieszaninę na patelni z powłoką nieprzywierającą, aż jajka się zetną.

3. W międzyczasie opiekaj chleb.

4. Polać tost mieszanką jajecznicy i posypać serem, aż się rozpuści.

5. Dodaj cebulę i pomidora.

Informacje żywieniowe:Kalorie: 251, Tłuszcz: 11,0 g, Węglowodany: 22,3 g, Białko: 16,9

g, cukry: 1,8 g, sód: 451 mg

Tex-Mex Hash Browns

Porcje: 4

Czas gotowania: 30 minut

Składniki:

1 1/2 funta ziemniaków, pokrojonych w kostkę

1 łyżka oliwy z oliwek

Pieprz według potrzeby

1 cebula, posiekana

1 czerwona papryka, posiekana

1 jalapeno, pokrojone w krążki

1 łyżeczka oleju

½ łyżeczki mielonego kminku

1/2 łyżeczki mieszanki przypraw do taco

Wskazania:

1. Rozgrzej frytownicę do temperatury 320 stopni F.

2. Ziemniaki wymieszać z 1 łyżką oleju.

3. Doprawić pieprzem.

4. Przenieś do koszyka frytkownicy.

5. Smażyć na powietrzu przez 20 minut, dwukrotnie potrząsając podczas gotowania.

6. Połącz pozostałe składniki w misce.

7. Dodaj do frytkownicy.

8. Dobrze wymieszaj.

9. Piec w temperaturze 356 stopni F przez 10 minut.

Shirataki Z Awokado I Śmietanką

Porcje: 2

Czas gotowania: 6 minut

Składniki:

½ opakowania makaronu shirataki, ugotowanego

½ awokado

½ łyżeczki mielonego czarnego pieprzu

½ łyżeczki soli

½ łyżeczki suszonej bazylii

1/8 szklanki śmietanki

Wskazania:

1. Średni rondelek napełniony do połowy wodą postaw na średnim ogniu, zagotuj, następnie dodaj makaron i gotuj przez 2 minuty.

2. Następnie odcedź makaron i odłóż na bok, aż będzie potrzebny.

3. Awokado włóż do miski, rozgnieć widelcem. 4. Awokado rozgnieć w misce, przełóż do blendera, dodaj pozostałe składniki i zmiksuj na gładką masę.

5. Rozgrzej patelnię, rozgrzej ją na średnim ogniu i gdy będzie już gorąca, dodaj makaron, wlej masę z awokado, dobrze wymieszaj i gotuj 2 razy minut, aż będzie gorąco.

6. Podawaj natychmiast.

Informacje żywieniowe:Kalorie 131, tłuszcz ogółem 12,6 g, całkowita ilość węglowodanów 4,9 g, białko 1,2 g, cukier 0,3 g, sód 588 mg

Pyszne porcje owsianki

Porcje: 2

Czas gotowania: 30 minut

Składniki:

½ szklanki wody

1 szklanka mleka migdałowego, niesłodzonego

½ szklanki amarantusa

1 gruszka, obrana i pokrojona w kostkę

½ łyżeczki mielonego cynamonu

¼ łyżeczki startego świeżego imbiru

Szczypta gałki muszkatołowej

1 łyżeczka syropu klonowego

2 łyżki posiekanych orzechów pekan

Wskazania:

1. Do rondelka wlać wodę i mleko migdałowe, na średnim ogniu zagotować, dodać amarantus, wymieszać i gotować 20 minut.

Dodać gruszkę, cynamon, imbir, gałkę muszkatołową i syrop klonowy, wymieszać.

Gotuj przez kolejne 10 minut, rozłóż do misek i podawaj posypane orzechami pekan.

2. Baw się dobrze!

Informacje żywieniowe:kalorie 199, tłuszcz 9, błonnik 4, węglowodany 25, białko 3

Naleśniki z mąki migdałowej z serkiem śmietankowym

Porcje: 2

Czas gotowania: 18 minut

Składniki:

½ szklanki mąki migdałowej

1 łyżeczka erytrytolu

½ łyżeczki cynamonu

2 uncje serka śmietankowego

2 jajka organiczne

1 łyżka niesolonego masła

Wskazania:

1. Przygotować ciasto naleśnikowe i w tym celu do blendera wsypać mąkę, dodać pozostałe składniki i miksować przez 2 minuty na gładką masę.

2. Ciasto wlać do miski i odstawić na 3 minuty.

3. Następnie weź dużą patelnię, postaw ją na średnim ogniu, dodaj masło i gdy się rozpuści, wlej ¼ przygotowanego ciasta naleśnikowego.

4. Rozłóż równomiernie ciasto na patelni, smaż po 2 minuty z każdej strony na złoty kolor, a następnie przełóż naleśnik na talerz.

5. Usmaż jeszcze trzy naleśniki w ten sam sposób, używając pozostałego ciasta, a po ugotowaniu podawaj je z ulubionymi jagodami.

Informacje żywieniowe:Kalorie 170, całkowity tłuszcz 14,3 g, całkowita ilość węglowodanów 4,3, białko 6,9 g, cukier 0,2 g, sód 81 mg

Babeczki serowe z nasionami lnu i nasionami konopi Porcje: 2

Czas gotowania: 30 minut

Składniki:

1/8 szklanki siemienia lnianego

¼ szklanki surowych nasion konopi

¼ szklanki mąki migdałowej

Sól dla smaku

¼ łyżeczki proszku do pieczenia

3 organiczne jajka, ubite

1/8 szklanki odżywczych płatków drożdżowych

¼ szklanki twarogu o niskiej zawartości tłuszczu

¼ szklanki startego parmezanu

¼ szklanki szalotki, pokrojonej w cienkie plasterki

1 łyżka oliwy z oliwek

Wskazania:

1. Włącz piekarnik, ustaw go na 360°F i poczekaj, aż się rozgrzeje.

2. W międzyczasie weź dwie kokilki, posmaruj je olejem i odłóż na bok, aż będą potrzebne.

3. Weź średnią miskę, dodaj nasiona lnu, nasiona konopi i mąkę migdałową, następnie dodaj sól i proszek do pieczenia, aż masa będzie gładka.

4. Wbij jajka do drugiej miski, dodaj proszek do pieczenia, ricottę i parmezan, dobrze wymieszaj, aż składniki się połączą, a następnie wymieszaj mieszaninę z mąką migdałową, aż się połączą.

5. Wmieszać szalotkę, następnie rozprowadzić mieszaninę pomiędzy przygotowanymi ramekinami i piec przez 30 minut, aż muffiny będą twarde, a ich wierzch będzie złotobrązowy.

6. Po upieczeniu wyjmij muffinki z foremek i pozostaw do całkowitego ostygnięcia na metalowej kratce.

7. Aby przygotować posiłek, owiń każdą muffinkę ręcznikiem papierowym i przechowuj w lodówce do trzydziestu czterech dni.

8. Gdy babeczki będą gotowe do spożycia, podgrzej je w kuchence mikrofalowej, aż będą ciepłe, a następnie podawaj.

Informacje żywieniowe:Kalorie 179, całkowity tłuszcz 10,9 g, całkowita ilość węglowodanów 6,9 g, białko 15,4 g, cukier 2,3 g, sód 311 mg

Serowe Gofry Kalafiorowe Ze Szczypiorkiem

Porcje: 2

Czas gotowania: 15 minut

Składniki:

1 szklanka różyczek kalafiora

1 łyżka posiekanego szczypiorku

½ łyżeczki mielonego czarnego pieprzu

1 łyżeczka proszku cebulowego

1 łyżeczka czosnku w proszku

1 szklanka startej mozzarelli

½ szklanki startego parmezanu

2 ubite organiczne jajka

1 łyżka oliwy z oliwek

Wskazania:

1. Włącz gofrownicę, nasmaruj ją olejem i poczekaj, aż się rozgrzeje.

2. W międzyczasie przygotować ciasto na gofry, w tym celu do miski włożyć wszystkie składniki i wymieszać do połączenia się składników.

3. Na rozgrzaną gofrownicę wlać połowę ciasta, zamknąć pokrywkę i smażyć na złoty kolor.

4. Wyjmij gofr i z pozostałego ciasta upiecz w ten sam sposób kolejny gofr.

5. Aby przygotować posiłek, włóż gofry do hermetycznego pojemnika, oddziel je papierem woskowanym i przechowuj do czterech dni.

Informacje żywieniowe:Kalorie 149, całkowity tłuszcz 8,5 g, całkowita ilość węglowodanów 6,1 g, białko 13,3 g, cukier 2,3 g, sód 228 mg

Kanapki śniadaniowe

Porcje: 1

Czas gotowania: 7 minut

Składniki:

1 mrożone śniadanie

Wskazania:

1. Smażyć kanapkę w temperaturze 340 stopni F przez 7 minut.

Wytrawne muffinki wegetariańskie

Porcje: 5

Czas gotowania: 18-23 minut

Składniki:

¾ szklanki mąki migdałowej

½ łyżeczki sody oczyszczonej

¼ szklanki koncentratu białka serwatkowego w proszku

2 łyżeczki świeżego koperku, posiekanego

Sól dla smaku

4 duże jajka organiczne

1 ½ łyżki drożdży odżywczych

2 łyżeczki octu jabłkowego

3 łyżki świeżego soku z cytryny

2 łyżki roztopionego oleju kokosowego

1 szklanka masła kokosowego, zmiękczonego

1 pęczek szalotki, posiekanej

2 średnie marchewki, obrane i starte

½ szklanki posiekanej świeżej pietruszki

Wskazania:

1. Rozgrzej piekarnik do 150 stopni F. Nasmaruj 10 foremek dużą foremką do muffinów.

2. W dużej misce wymieszaj mąkę, sodę oczyszczoną, białko w proszku i sól.

3. Do drugiej miski dodaj jajka, drożdże odżywcze, ocet, sok z cytryny i olej i ubijaj, aż składniki się dobrze połączą.

4. Dodaj masło kokosowe i ubijaj na gładką masę.

5. Dodaj mieszaninę jajek do mieszanki mąki i mieszaj, aż dobrze się połączą.

6. Wymieszaj szalotkę, wózki i pietruszkę.

7. Równomiernie umieść amalgamat w przygotowanych foremkach na muffinki.

8. Piec około 18-23 minut lub do momentu, aż wykałaczka wbita w środek będzie czysta.

Informacje żywieniowe:Kalorie: 378, Tłuszcz: 13 g, Węglowodany: 32 g, Błonnik: 11 g, Białko: 32 g

Naleśniki z cukinii

Porcje: 8

Czas gotowania: 6-10 minut

Składniki:

1 szklanka mąki z ciecierzycy

1 1/2 szklanki wody, podzielone

¼ łyżeczki nasion kminku

¼ łyżeczki pieprzu cayenne

¼ łyżeczki mielonej kurkumy

Sól dla smaku

½ szklanki cukinii, posiekanej

½ szklanki czerwonej cebuli, drobno posiekanej

1 zielone chilli, pozbawione pestek i drobno posiekane

¼ szklanki posiekanej świeżej kolendry

Wskazania:

1. Do dużej miski dodaj mąkę i 3/4 szklanki wody i ubijaj, aż masa będzie gładka.

2. Dodaj pozostałą wodę i ubijaj, aż uzyskasz 3. Dodaj cebulę, imbir, paprykę serrano i kolendrę.

3. Lekko nasmaruj olejem patelnię z powłoką nieprzywierającą i podgrzej na średnim ogniu.

4. Dodaj około ¼ szklanki mieszanki i przechyl patelnię, aby równomiernie rozprowadzić ją na patelni.

5. Gotuj przez około 4-6 minut.

6. Ostrożnie zmień stronę i smaż przez około 2-4 minuty.

7. Powtórzyć, używając pozostałej mieszaniny.

8. Podawać z wybranymi dodatkami.

Informacje żywieniowe:Kalorie: 389, Tłuszcz: 13 g, Węglowodany: 25 g, Błonnik: 4 g, Białko: 21 g

Hamburger z jajkiem i awokado

Porcje: 1

Czas gotowania: 5 minut

Składniki:

1 dojrzałe awokado

1 jajko, hodowane na pastwisku

1 plasterek czerwonej cebuli

1 plasterek pomidora

1 liść sałaty

Nasiona sezamu do dekoracji

Sól dla smaku

Wskazania:

1. Obierz awokado i usuń pestkę. Awokado przekrój na pół. To będzie służyć jako kanapka. Odłożyć na bok.

2. Nasmaruj patelnię olejem na średnim ogniu i smaż jajko przez 5 minut lub do momentu, aż się zetnie.

3. Złóż burgera śniadaniowego, kładąc go na połówce awokado z jajkiem, czerwoną cebulą, pomidorem i liściem sałaty.

4. Na wierzch połóż pozostałą bułkę z awokado.

5. Udekoruj wierzch sezamem i dopraw solą do smaku.

Informacje żywieniowe:Kalorie 458 Tłuszcze ogółem 39 g Tłuszcze nasycone 4 g Węglowodany ogółem 20 g Węglowodany netto 6 g, białko 13 g Cukier: 8 g Błonnik: 14 g Sód: 118 mg Potas 1184 mg

Smaczny i kremowy szpinak

Porcje: 2

Czas gotowania: 12 minut

Składniki:

½ szklanki mąki migdałowej

½ łyżeczki czosnku w proszku

½ łyżeczki soli

1 jajko ekologiczne

1 1/2 łyżki śmietanki do ubijania

¼ szklanki sera feta, pokruszonego

½ łyżki oliwy z oliwek

Wskazania:

1. Włącz piekarnik, ustaw temperaturę na 100°F i poczekaj, aż się rozgrzeje.

2. W międzyczasie przygotować ciasto na ciasteczka, w tym celu wszystkie składniki umieścić w blenderze i miksować przez 2 minuty na gładką masę.

3. Przygotuj ciasteczka i w tym celu umieść przygotowane ciasto na stolnicy, a następnie uformuj z nich 1-calowe kulki.

4. Weź blachę do pieczenia, posmaruj ją olejem, po czym ułóż na niej ciastka w odpowiednich odstępach od siebie i piecz przez 12 minut, aż będą ugotowane i dobrze się zarumienią.

5. Poczekaj, aż ciasteczka ostygną w formie przez 5 minut, a następnie przełóż je na metalową kratkę, aby całkowicie ostygły i podawaj.

Informacje żywieniowe:Kalorie 294, całkowity tłuszcz 24 g, całkowita ilość węglowodanów 7,8 g, białko 12,2 g, cukier 1,1 g, sód 840 mg

Specjalne płatki owsiane cynamonowo-jabłkowe

Porcje: 2

Składniki:

1 pokrojone w kostkę jabłko

2 łyżki stołowe. nasiona Chia

½ łyżki. proszek cynamonowy

½ łyżeczki czysty ekstrakt z wanilli

1¼ w. chude mleko

Sól koszerna

1 w. staroświecka owsianka

2 łyżeczki Miód

Wskazania:

1. Do dwóch słoików włóż płatki owsiane, nasiona chia lub zmielone siemię lniane, mleko, cynamon, miód lub syrop klonowy, ekstrakt waniliowy i sól.

Załóż pokrywki szczelnie na wierzch i obracaj, aż do całkowitego wymieszania.

2. Zdejmij pokrywki i do każdego słoika dodaj połowę pokrojonego w kostkę jabłka.

W razie potrzeby posyp większą ilością cynamonu. Załóż pokrywki na słoiki i wstaw do lodówki na co najmniej 4 godziny lub na noc.

3. Płatki owsiane w jednorazowych pojemnikach możesz przechowywać w lodówce do 3 dni.

Informacje żywieniowe:Kalorie: 339, Tłuszcz: 8 g, Węglowodany: 60 g, Białko: 13 g, Cukry: 15 g, Sód: 161 mg.

Jajko i warzywa (bomba przeciwzapalna)

Porcje: 4

Czas gotowania: 35 minut

Składniki:

Młode ziemniaki, ćwiartowane – 10 uncji

Cukinia, posiekana - 1

Czosnek, mielony - 2 ząbki

Czerwona papryka, posiekana - 1

Żółta papryka, posiekana - 1

Posiekana zielona cebula - 2

Oliwa z oliwek z pierwszego tłoczenia - 2 łyżki

Sól morska - 0,75 łyżeczki

Płatki czerwonej papryki - 0,5 łyżeczki

Jajka duże - 4

Czarny pieprz, mielony - 0,25 łyżeczki

Wskazania:

1. Ugotuj pokrojone w ćwiartki ziemniaki w dużym garnku z osoloną wodą do miękkości, około sześciu do ośmiu minut. Odcedź je, wylewając wodę.

2. Na dużą patelnię włóż pokrojone w ćwiartki młode ziemniaki wraz z papryką, cukinią, czosnkiem i oliwą z oliwek. Posyp przyprawą do haszyszu jajecznego na wierzchu, a następnie pozwól, aby haszysz smażył się, aż warzywa staną się złotobrązowe, około ośmiu do dziesięciu minut.

Pamiętaj, aby dobrze mieszać haszysz co dwie minuty, aby uzyskać równomierne gotowanie.

3. Gdy warzywa będą już gotowe, za pomocą łyżki utwórz cztery kratery lub wgłębienia, do których wejdą jajka. Wbij jajka do kraterów, po jednym jajku na krater. Połóż pokrywkę na patelni i gotuj jajka, aż będą gotowe według twoich upodobań, około 4 do 5 minut.

4. Zdejmij patelnię z jajami warzywnymi z ognia, posyp zieloną cebulą i ciesz się haszyszem i jajkami, gdy są gorące.

www.ingramcontent.com/pod-product-compliance
Lightning Source LLC
Chambersburg PA
CBHW070424120526

44590CB00014B/1523